3勝4敗の確率	0.15625	= 5/32
2勝4敗の確率	0.15625	= 5/32
1勝4敗の確率	0.125	= 4/32
0勝4敗の確率	0.0625	= 2/32

　こちらの4つの確率の合計も0.5となり、両方を合わせると、1になります。

　最初の質問に戻ると、「確率」とはこのように、藤井棋聖が勝つ確率を「0.5」と仮定し、確率のルールに従い「4勝0敗」などの確率を計算する学問です。

　一方、「統計」とは、例えば、藤井棋聖が木村王位に「4勝0敗」で王位戦を制したけれども、藤井棋聖が勝つ確率を「0.5」と仮定してよいのだろうか、という問題を扱う学問です。

　以上のように、一見似ているような「確率」と「統計」という学問は、起こった出来事に対するアプローチが違うのだということが理解できたのではないかと思います。そして、上の例でいうと、「藤井棋聖が勝つ確率を「0.5」と仮定してよい」のかを検討するときに、確率の結果が用いられるので、「統計」の基礎に「確率」があるといえるのです。

　このように、確率と統計はまさに表裏一体の関係ですので、このことを意識して本書を読んでいただければ、理解が深まると思います。

今野紀雄

目次　Contents

簡単…

\ *Section 0* /

本編の前に

苦手な人も目を背けないで！
ちょっとわかりにくい数学の文字や記号

これだけでも十分社会で役立つ！
統計学の超基礎

\ Section 2 /

身のまわりで使われている!
統計学による解析の考え方

目次 Contents

Section 3

実際にデータを取って解析
統計学やってみました

\ *Section 4* /

時代をリードする技術と関わる
最先端のITと統計学

STAFF

デザイン ┄┄┄┄┄┄ 鈴木大輔、仲條世菜 (ソウルデザイン)
イラスト ┄┄┄┄┄┄ 前田はんきち
DTP ┄┄┄┄┄┄┄┄ 高八重子
企画 ┄┄┄┄┄┄┄┄ 千葉慶博 (KWC)
編集 ┄┄┄┄┄┄┄┄ 田山康一郎 (KWC)

世界のすべてが

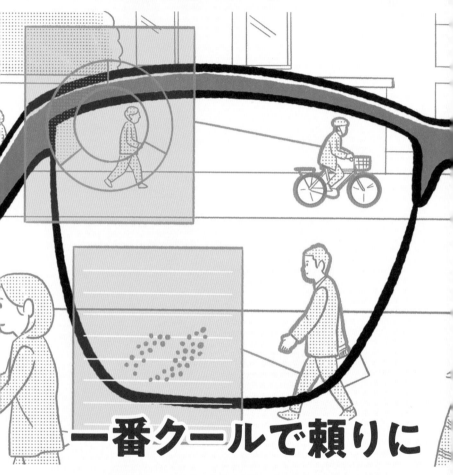

一番クールで頼りに

　データを解析し、まだ見ぬ潮流をみつけたり、未来をのぞくことが可能になる統計学。かつては、一部の専門家の仕事でした。しかし、誰でも簡単に世界のすべてをデータにでき、湯水のようにデータが生まれるようになった現代、データの正しい解析や活用は、ビジネスを発展させるための近道であ

データになる現在、
なる知識は統計学

り、また、将来を左右する分岐点ともいえるのです。

　約10年、Googleのチーフエコノミストであったハル・ヴァリアン博士が記した「今後10年間でもっともイケてる職業は統計家だろう」という言葉は、まさに今の時代を言いあらわしているのです。

最先端で話題の
IT、AIも
ビッグデータ解析も
ブロックチェーンも
統計学とつながりが！

　最先端のITといわれると、多くの人が"AI"や"ビッグデータ解析"、"ブロックチェーン"などを思い浮かべるでしょう。実際、多くの企業で、こうした最先端の技術をどのように活用していくかが、今後の大きな課題になっています。

　実は、あまり知られていませんが、AIもビッグデータ解析もブロックチェーンも、大量のデータを扱う技術であり、統計学の考え方や理論と深いつながりがあります。これらの技術への理解を深め、効率的に活用していくには、最低限の統計学の知識は必須といえるのです。

　ただし、現実的には、統計学を正しく理解している人は需要に比べて少ないため、統計学を学んでおくことは、未来の仕事へのアドバンデージになります。

＼ 最先端 IT の関係図 ／

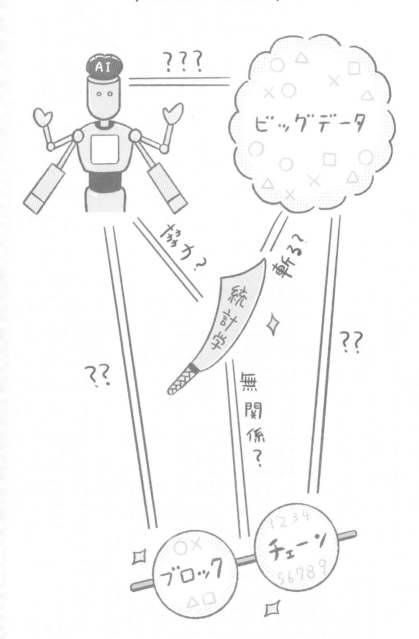

苦手意識よ
基礎的な統計学

例えば…

標準偏差

わからん！

標準偏差 大

標準偏差 小

- 平均値と同じような、データの特徴の1つ
- 要は数値のちらばり具合

　大学などで統計学の授業を受けたことのある人のなかには、「専門用語が難しくて苦手」と思う人も多いのでは。しかし、ポイントさえおさえれば、統計学（または関係する確率論）は、直感的に理解しやすい、当たり前のことが多いのです。

さようなら！／
は、よく知れば

例えば…

事象

簡単…

- 「あること」を行った際に、「起こること」
- 「サイコロを振る」際なら、例えば「偶数の出目」

"当たり前"
ばかり！

苦手な人も目を背けないで！
ちょっとわかりにくい
数学の文字や記号

数学に苦手意識があると、数式の文字や記号を見ただけで、
目を背けたくなるもの。本来、こうした文字や記号は、
数式をわかりやすく、シンプルに表現するためのものですから、
最低限の意味さえおさえれば、統計学への理解が深まるはずです。

データなどの数字たちに、目印を振っただけ

X_1、X_2、X_3、X_4、…、X_8

複数の数字たち（データなど）に、単純に目印を振っただけのものです。アルファベットにつく最後の数字（上の場合は8）が、データの数になります。数学の理論などを一般化する（公式にする）ために使います。

A組	身長 (cm)		A組	身長 (cm)	
まさお	152	X_1	さちえ		X_4
よしお	158	X_2	⋮	⋮	⋮
かな	143	X_3	A組の誰か		X_n

スタートからゴールまで、すべての足し算

Σ（シグマ）

要は全部の足し算。基本的には、Σ の下の数をスタート、上の数をゴールとして、右にある数式にあてはめてすべて足す、という意味です。記号の上下にない場合は、右の数式に数字をあてはめたものをすべて足すということ。

$$\sum_{i=1}^{5} i = 1 + 2 + 3 + 4 + 5 = 15$$

$$\sum (x_i - \overline{x})(y_i - \overline{y})$$
$$= (x_1 - \overline{x})(y_1 - \overline{y}) +$$
$$(x_2 - \overline{x})(y_2 - \overline{y}) +$$
$$(x_3 - \overline{x})(y_3 - \overline{y}) + \cdots$$

0からの"距離"だからマイナスはない

|n|（絶対値）

正の数ならそのまま、負の数ならマイナスを取ったもの。0からの"距離"なので、マイナスはありえません。ややこしいのは、|n|＜5など。「0からの距離が5より小さい」という意味ですから、負の数もあてはまり、−5＜n＜5となります。

$$|n| = |-n| = \begin{cases} n & (n \geqq 0) \\ -n & (n < 0) \end{cases}$$

$$|5| = |-5| = 5$$

$$|n| < 5 \Leftrightarrow -5 < n < 5$$

√4＝2を覚えれば忘れない

$\sqrt{n}$（ルート）

ある数の平方根といいますが、√のなかに、（ある数）を2乗したものが入ります。常に$\sqrt{4}$=2を頭に入れておけば思い出せるはずです。

$$\sqrt{n^2} = n \quad (n \geqq 0)$$

$$\sqrt{4} = 2$$

$$\sqrt{2} = 1.4142\cdots$$

.... 本書に登場する、頻出 or 読みにくい文字や記号 ....

$\overline{x}$（エックスバー）

記号の上に棒線があるものは、「○○○バー」と読み、$\overline{x}$は、データの平均値を表します。

e

数学における定数であり、ネイピア数と呼ばれます。左下の円周率と同様に2.7182818248……と無限に続きます。

σ（シグマ）

前ページに登場したギリシア文字の小文字。分野によって意味は異なりますが、統計学では標準偏差を示します。

m

英語で平均という意味の「mean」に由来し、統計学では、母集団ではなく標本の平均値を示します。

π（パイ）

有名な円周率。直径1cmの円の円周の長さを示します。無限に続きますが、要は数字です。

P

統計学では確率を示すことが多いようです。本書には登場しませんが、統計学では、特殊な「p値」という値もあります。

※本書では、小数点以下の数字はすべて切り捨てとしています。
※本書に登場するグラフは、イメージとして大まかな値を示すものであり、厳密に正確なものではありません。
※確率において、10^{-3}以下の値は0としています。

多くの分野で
必要とされる統計学

調査や分析では統計学が必須

　現在、非常に幅広い分野で活用されている統計学。大学などでは文系・理系を問わず多くの学部の基礎科目として統計学の授業があり、調査や分析を行う分野において必須の知識の1つといえます。各分野で統計学がどのような役割を果たしているのかを見てみましょう。

理数系では、もはや当然の知識

　まず、理学・工学では、幅広い場面で統計学が必要になりますが、特に重要なのが「計測工学」です。質量や距離などの物理量を測定する計器の開発や、測定誤差の検証を行う学問で、統計学の理論が深く関わっています。

　また、Section2 の正規分布の節でシックスシグマ（P74）などを紹介しますが、工業製品のばらつきをおさえ、品質を一定にそろえるための「品質管理論」も統計学の知識が前提となっています。

　農学においては、効率的な実験方法をつくり出し、実験の結果を適切に解析することを目的した「実験計画法」も統計学の応用分野の1つ。具体的には、天候や気候など偶然による影響をできるだけおさえ、品種改良や肥料の効果を判断するための研究があります。

医学・薬学の業界にも統計の専門家がいる

Section2の検定の節（P92）で紹介しますが、医学や薬学において、新しい薬や治療法の効果を立証するために、統計学の理論が用いられます。そのため、多くの製薬会社には、統計学の専門家が所属しているそうです。

ほかにも医学のなかには、例えば「タバコと肺がんの関係」「肥満と高血圧の関係」など、生活習慣などと病気の関係を研究する分野があります。こうした分野は「疫学」と呼ばれ、個人ではなく、集団における病気の発生原因や予防法を研究するため、統計学的な手法が必要になります。

さらに、新型のウイルスの世界的な流行などにより、大きな話題になった「感染症学」にも統計学の理論が登場します。専門家が、ウイルス感染をモデル化し、推移を予測している様子などをニュースや新聞などで見かけた人も多いでしょう。

社会学や経済学には、応用統計学と呼べる分野が!

理数系以外の分野でも、統計学は活用されています。例えば、社会学は社会で起きている現象やその原因、メカニズムなどを研究する学問ですが、社会調査をしてデータを分析するため、統計学の知識が必須です。社会学においては、「社会統計学」と呼ばれ、特に母集団から標本の関係を重視するため、推測統計学（P152）の1種といえるでしょう。

経済学は統計学と非常に深い関係があります。「計量経済学」は、統計学の手法を使い、経済学の理論で生まれた経済モデルの妥当性を検証する研究です。多くの理論に統計学の知識が必要であり、応用統計学といえるでしょう。ほかにも、確率や

統計の数学的なアプローチにより、リスクを避け、効率的なリターンを得るための「金融工学」や、保険料や契約者配当など、保険に関する統計・数学的な理論である「保険数理」なども経済学における統計学の応用です。

法学や言語学にも応用されている統計学

さらに、一見あまり関係がなさそうに見える分野でも、統計学が活用される場面があります。例えば法学。まだ数はそこまで多くないものの、法律学に統計的な手法が取り入れられ、裁判の証拠として「統計的な有意性」が登場する判例もあります。

また、P23で紹介しますが、言語学の分野でも統計学は活用されています。その１つが「計量言語学」と呼ばれる分野。統計学的な手法によって言語の構造や変化、応用を研究する学問です。また、「語彙統計学」という分野もあり、語彙を細かく分けて数値的に比較し、言語の系統の研究を行います。

このようにさまざまな分野で応用されている統計学。ほかにも経営学や行動科学、政策科学、心理学などでも、活用されています。

〈統計学が応用されている代表的な分野（一例）〉

理・工学系	計測工学　品質管理論
農学	実験計画法
医学・薬学	疫学　感染症学
社会学	社会統計学
経済学	計量経済学　金融工学　保険数理
言語学	計量言語学　語彙統計学

これだけでも十分社会で役立つ！

統計学の超基礎

ふむふむ…！

統計学を知るうえで避けて通れない
基礎を知っておきましょう。数式は最低限なので、
苦手意識がある人でも "サクッと" 読めるはずです。
それでも数字が苦手な人はとばしても構いません。
基礎といっても十分に社会で役立つ知識もあります！

映画『マトリックス』のように世界を見る!?
世界を数値で切り取ったもの。それが「データ」

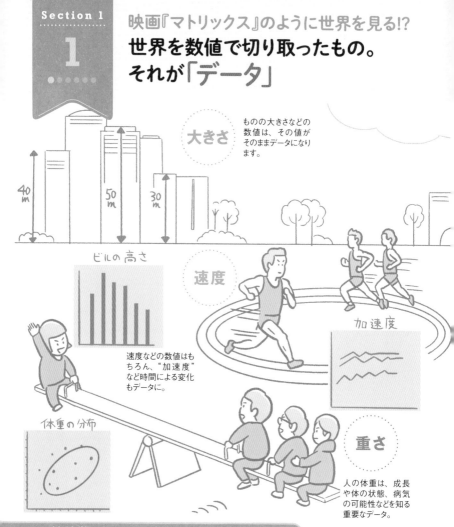

大きさ

ものの大きさなどの数値は、その値がそのままデータになります。

40m　50m　30m

ビルの高さ

速度

速度などの数値はもちろん、"加速度"など時間による変化もデータに。

加速度

体重の分布

重さ

人の体重は、成長や体の状態、病気の可能性などを知る重要なデータ。

統計学にとってのデータは、料理における食材

　基本的に、統計学とは「データを解析する」学問。まずは、統計学に必須の"データ"について知っておきましょう。データとは、端的にいえば調査や観測、実験などの結果の数値。「高さ」「重さ」などはもちろん、"人の気持ち"なども「1. 好き

気持ち
数値にはしにくい"気持ち"も、調査の方法によってはデータになります。

好きか嫌いか
嫌い　好き

昨日さ映画を2本見て

言語
単語の集合である言語は、統計学でも活用され「語彙統計学」という分野も。

表情
眼や口など、パーツの位置の変化などをデータ化すれば統計学で扱えます。

動き
人間の動きも体の各部位の位置などから、データ化することが可能です。

2.嫌い」のように調査すればデータになります。さらに、言語などの使用単語数もデータにでき、統計学的な処理が可能です。ですから、数値以外のこともデータにでき、私たちの世界のほぼすべての事柄は、データになり得るのです。

統計学はデータありきの学問！
統計学にとってのデータ

① 調査のテーマを決定

例 このお菓子が若者に売れているか知りたい！

まずは、知りたいテーマにもとづき、調査内容を決めます。

② データを集める

例 店頭などで、お菓子の購入者の属性を調べる

アンケートや出口調査などよってデータを入手します。

③ データを解析する

例 若者に人気があるといえるかデータを解析する

グラフ化や数学的な操作で、データを整理・分析します。

ココが統計学！

できれば全部を調べたいけれど
データの集め方

統計学なら、全部は調べられなくてもOK

全数調査

全対象のデータを取ります。膨大な手間や時間がかかることがほとんど。

例
● 国勢調査

標本調査

一部をランダムに抽出する手法。現実的には多くの調査がこちら。

例
● 内閣
　支持率
● TV番組
　の視聴率

統計学の前提知識、調査やデータの種類

　少し詳しく、統計学におけるデータを考えてみましょう。

　知りたいテーマにもとづき、調査内容を決めてからが統計学のスタート。調査でデータを得て、データを解析するのが統計学です。調査方法は、全数調査と標本調査があり、当然、

"気持ち"や"嗜好"もデータになる
データの種類

量的データ

身長や売上、体重、時間、気温などのように、調査の結果である数値自体が意味をもつデータのこと。

例　● 身長
　　● 売上

質的データ

「1.好き 2.嫌い」などのように、数値自体に意味はなく、内容を示す回答を数値でわり振ったデータ。

例　● 国籍（1.日本　2.米国……）
　　● 嗜好（1.好き　2.嫌い……）
　　● 評価（1.優　　2.良……）

> 無限に細かく
> 表現できるのが
> 連続データ

離散データ

```
  4   5   6   7   8
  •   |   •   •   |
```

人数や年齢、テストの得点などのように、決まった数値しか取ることのできないデータ。

例　● 年齢
　　● 来客数

連続データ

身長やカロリー、内閣支持率など連続的で、小数点などを含めて、どんな値にもなる可能性のあるデータ。

例　● 身長
　　● 時間

　全数調査のほうが精密な解析が可能ですが、統計学を使えば、少ないデータでもある程度正確な結果を得られます。また、データは、数値に意味がある「量的データ」と、アンケートの選択肢のような「質的データ」に大別されます。

2

まるで写真の現像のよう！
データをうまく「グラフ」にできれば、何かが浮かび上がる!?

誰もが簡単に行え、有効なデータのグラフ化

　　前節では、"データ"について紹介しましたが、今節ではデータの"解析方法"を見て行きましょう。統計学における解析とは、データに隠された規則性などを見抜き、傾向や特徴をつかむこと。そのためにもっとも簡単で、かつ有効なのがデー

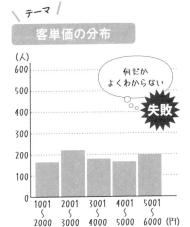

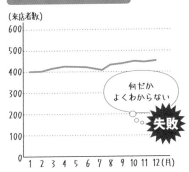

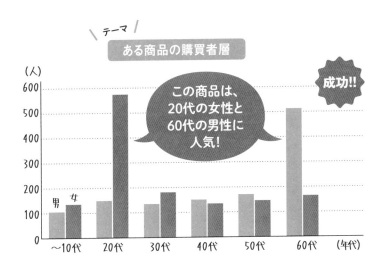

タをグラフにすることです。グラフ化により数値の関係を視覚的に把握でき、傾向が浮かび上がるのです。ただし、「どのグラフにするか」「どういう形なら成功なのか」はテーマによって異なるため、調査に合わせて考える必要があります。

グラフをつくる前に……
データを「表」に整理

A名	売上（万円）	A名	売上（万円）
A氏	612	C氏	703
B氏	456	D氏	520

変量名

要素名　　　　　　変量

左表の場合、売上を「変量名」、売上の数値を「変量」、A氏・B氏などを「要素名」と呼びます。

テーマに合わせて使い分けるべし！
代表的なグラフの種類

全体における割合を示す
円グラフ
円全体が100%で、各要素の割合を中心角の大きさで示します。

割合を並べて変化を示す
帯グラフ
要素の割合が帯の長さ。円グラフと同様に割合を比べやすいのが特徴です。

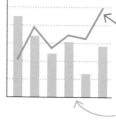

時間などの変化を示す
折れ線グラフ
時間の経過などによる、変量の変化を示します。

各要素の数値を比べる
棒グラフ
各要素の量を棒の長さで示すもっとも単純なグラフ。

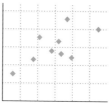

2つの変量の
関係を示す
散布図
2つの変量を同じグラフに図示し、関係性を示します。詳しくはP98。

統計学で頻出する"度数分布"と"ヒストグラム"

　データをグラフにするときには、データの要素名と結果（変量）を「表」にしておくと便利です。グラフには、全体における割合を明確に表現できる円グラフや帯グラフ、時間などによる変化を示す折れ線グラフ、各要素の量を比較する棒グ

見慣れないけど、統計学では主役の1つ
度数分布表と"ヒストグラム"

▼ ある売上の度数分布表

売上（万円）	売上（円）	人数
0 以上～100 未満	50	0
100～200	150	2
200～300	250	4
300～400	350	7
400～500	450	5
500～600	550	4
600～700	650	2
700～800	750	1

階級
数値の範囲内で、一定の幅の区間。

階級値
「階級」の"一定の幅"で中央の値。

度数
各階級に含まれるデータの個数。

\ **Point!** /

階級を適切にしないと意味不明なヒストグラムに

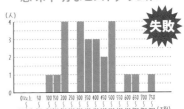

左下と同じ内容のヒストグラムですが、階級の幅を適切な数値で取らないと変な形に。

▼ ある売上のヒストグラム

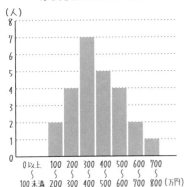

**棒グラフと似て非なるもの!
データのちらばり具合を
示すヒストグラム**

縦軸が度数や確率など、横軸が階級をあらわすグラフで、多数のデータのちらばり具合を視覚的に示すことができます。見た目が似た棒グラフとの違いは、数値を単純に並べたのが棒グラフ、数値の幅を決めて分け、頻度を示すのがヒストグラムです。

ラフ、2つの変量の関係を示す散布図などがあります。統計学で頻出するのは度数分布表と、それをグラフにしたヒストグラムです。ヒストグラムは多数のデータをグラフ化でき、数値のちらばり具合をつかむのに有効なグラフです。

平均はイメージとは違う!?
データの特徴をつかむには
平均値以外の「代表値」も重要

A社

B社

平均年収450万円

平均年収600万円

A社は、平均年収が、
高いのは魅力
だけど、ちょっと
あやしいぞ

C社　平均年収500万円

その平均、本当におおよその値!?

　続いては"データの特徴"について紹介します。平均値は、
データの特徴を示す値の1つですが、ある問題があります。
上記の会社を比べてみましょう。収入的には平均が高い A
社が魅力的です。しかし、社員の給料（P31 表）は、A 社は

A社	
社員	年収(万円)
A氏	200
B氏	200
C氏	200
D氏	200
E氏	200
F氏	200
G氏	200
H氏	200
I氏	3800

B社	
社員	年収(万円)
A氏	250
B氏	300
C氏	300
D氏	450
E氏	450
F氏	450
G氏	550
H氏	600
I氏	700

C社	
社員	年収(万円)
A氏	150
B氏	150
C氏	300
D氏	300
E氏	300
F氏	300
G氏	900
H氏	1000
I氏	1100

A社の年収をグラフにすると

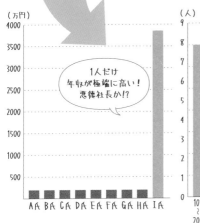

▲ A社社員の平均年収棒グラフ

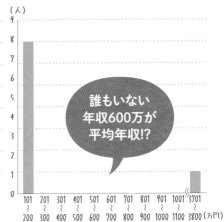

▲ A社社員の年収ヒストグラム

8名が年収200万円で1人が高額な収入のようです。数値としての平均年収は嘘ではありませんが、イメージとしては不適切な気がしませんか？ このように、平均値は"データの特徴を示す値"としては、イメージと離れることがあります。

"均す"のと、"真ん中"と、"多出"を示す
データの特徴を表す3つの代表値

有名で簡単だけど、
極端な数字に弱い

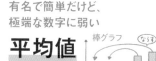

平均値

- 全数値を平らに均した値で、おおよその値を示す
- 極端に大きい or 小さい値があると、引っ張られる

ヒストグラム

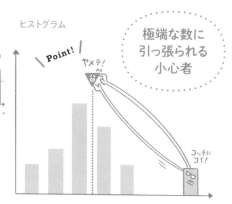

極端な数に
引っ張られる
小心者

データのど真ん中から
一歩も動かない

中央値
（メジアン）

- すべての数値のちょうど真ん中にくる値
- 平均値よりも、極端な数値に影響を受けにくい

ヒストグラム

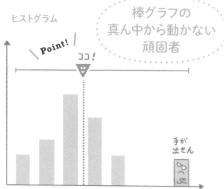

棒グラフの
真ん中から動かない
頑固者

3つの代表値を知っておこう

　データの特徴を示す代表的な値を「代表値」と呼びます。もっとも有名な「平均値」は、名前の通り"平らに均す"イメージで、数値を均した値。全体のおおまかな数値を示します。ただし、極端な数値に引っ張られてしまう特徴がありま

とにかく個数がいっぱいある

最頻値
（モード）

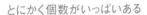

- ヒストグラムなら棒がもっとも多く、頻度の多い数値
- 極端な値があっても、ほとんど影響を受けない

ヒストグラム

\Point!/

ココ

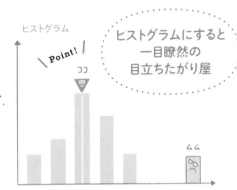

ヒストグラムにすると一目瞭然の目立ちたがり屋

────── 例えば… ──────

日本人の所得金額階級別世帯数の分布

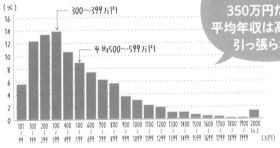

平成29年 国民生活基礎調査の概況

日本でもっとも多い年収は350万円だけど平均年収は高い値に引っ張られる

平均年収は高額なほうに引っ張られており、日本人の所得で人数が多いのは350万円程度。

　す。2つめが「中央値」。データの数値を大小で並べたときの真ん中の値です。極端な数値があっても平均値よりも影響が少ない代表値です。3つめが「最頻値」で、データのなかでもっとも多く登場する値。極端な数値にも影響を受けません。

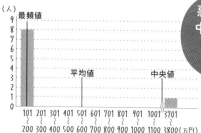

▼ A社の平均年収分布

1人の社員（社長か?）が、独り占めしている悪徳企業。入社は避けるべきでしょう。

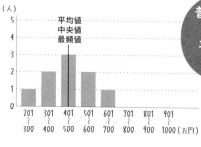

▼ B社の平均年収分布

徐々に年収が上がりそうな優良会社。とはいえ、最大の年収はA・C社よりも少ない……。

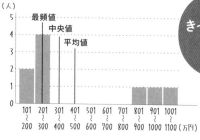

▼ C社の平均年収分布

A社ほどではないけれど、一部の社員が利益を独占しています。できれば避けるべき。

Sum up

データの特徴を示す代表的な値を代表値と呼び、平均値、中央値、最頻値などがある。

データにおけるおおまかな値を示す平均値だが、極端な数値があると、その値に引っ張られる。

中央値はデータにおける真ん中の値、最頻値はもっとも頻度の多い数値。極端な値にも影響を受けづらい。

34

数式Check

平均の定義

データの値を、X_1、X_2、……、X_nとすると、平均$\bar{X}$は以下であたえられる。

学校で習ったよね

$$\bar{X} = \frac{X_1 + X_2 + \cdots + X_n}{n}$$

一般化すると難しそうだね

度数分布表から平均を算出する場合

平均 X は以下であたえられる。

階級値	度数
X_1	F_1
X_2	F_2
X_n	F_n

$$\bar{X} = \frac{X_1 F_1 + X_2 F_2 + \cdots + X_n F_n}{F_1 + F_2 + \cdots + F_n}$$

中央値の定義

要するに真ん中の数値ってこと

n 個のデータ、$X_1 \leq X_2 \leq \cdots \leq X_n$ がある。

n が奇数のとき　n=2k+1 とする。

$$\underbrace{X_1、X_2、\cdots\cdots、X_k}_{K個}、\underbrace{X_{k+1}}_{中央値}、\underbrace{X_{k+2}、\cdots、X_{2k-1}、X_{2k}}_{K個}$$

例 n（データの個数）=5 の場合、k=2

$$\underbrace{X_1、X_2、}_{2}\underbrace{X_3、}_{中央値}\underbrace{X_4、X_5}_{2}$$

データが奇数個なら、単純に小さい順に並べたときの真ん中の数。

n が偶数のとき　n=2k とする。

$$\underbrace{X_1、X_2、\cdots\cdots、X_{k-1}、}_{K-1個}\underbrace{X_k、X_{k+1}、}_{中央値=\frac{X_k+X_{k+1}}{2}}\underbrace{X_{k+2}、\cdots、X_{2k-1}、X_{2k}}_{K-1個}$$

例 n（データの個数）=6 の場合、k=3

$$\underbrace{X_1、X_2、}_{2}\underbrace{X_3、X_4、}_{中央値=\frac{X_3+X_4}{2}}\underbrace{X_5、X_6}_{2}$$

データが偶数個だと真ん中は存在しないので（2や4に真ん中はない）、真ん中に近い2つの数（4なら2と3、6なら3と4）の平均を取ります。

35

代表値に似たデータの特徴！
わからない人の多い「分散」と「標準偏差」
ただのデータのばらつき具合

分散 データのばらつき具合の指標。分散のみでは数字自体に深い意味はなく、同様に集めたデータのばらつきを比較するときなどでしか使えませんが、統計的な処理では重要。

分散 大 イメージ

分散 小 イメージ

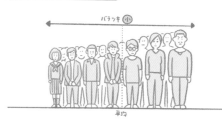

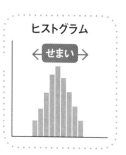

データの特徴を示す値であり、ばらつき具合の基準

　統計学が苦手な原因になりがちな「分散」と「標準偏差」。まずは数字の操作ではなく、イメージをつかみましょう。これらは平均値と同様に、データの特徴を示す値の1つ。そして、分散や標準偏差が示すのが「データのばらつき具合」で

標準偏差　ざっくりいえばデータのばらつき具合の平均であり、ばらつきの標準。よくある分布のデータであれば、約7割程度が平均±標準偏差内におさまるとされます。

$$標準偏差 = \sqrt{分散}（分散 = 標準偏差^2）$$

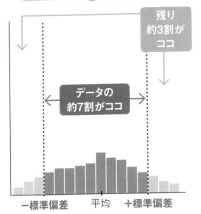

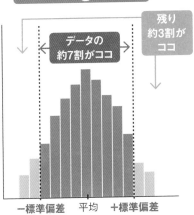

標準偏差 **大** イメージ

標準偏差 **小** イメージ

残り約3割がココ

データの約7割がココ

−標準偏差　平均　＋標準偏差

分散・標準偏差がわかれば…

データにおける基準の1つであるため、ある値が「基準からどのくらい離れているか」「全体のどのあたりか」などがわかります。

　す。つまり、大きいほど大小の差があり、小さいほど平均の周辺のまとまったデータということ。特に標準偏差は重要で、例えば"もっとも普通の分布（詳しくはP58）"のデータは、平均±標準偏差内にデータの約7割が存在します。

例 「標準偏差」を使ってみよう
営業成績比較してみると……

同期のA君とB君は、別の部署ながら今年の営業成績は同じ。しかし、A君はB君を見て「自分のほうが、がんばっているのに……」と悔しい顔。自らのがんばりを上司にアピールする方法はないのでしょうか?

a部A君 がんばります!

b部B君 ん～??

Data
- a部の総売上 　2億7150万円
- a部の平均売上 　1086万円
- A君の売上 　1350万円

Data
- b部の総売上 　2億7150万円
- b部の平均売上 　1086万円
- B君の売上 　1350万円

▼a部の売上度数分布表

売上（万円）	度数（人）	階級値
500以上～600未満	0	550
600～700	0	650
700～800	1	750
800～900	3	850
900～1,000	5	950
1,000～1,100	6	1,050
1,100～1,200	4	1,150
1,200～1,300	2	1,250
1,300～1,400	2	1,350
1,400～1,500	1	1,450
1,500～1,600	1	1,550
1,600～1,700	0	1,650

▼b部の売上度数分布表

売上（万円）	度数（人）	階級値
500以上～600未満	1	550
600～700	1	650
700～800	2	750
800～900	2	850
900～1,000	3	950
1,000～1,100	4	1,050
1,100～1,200	4	1,150
1,200～1,300	3	1,250
1,300～1,400	2	1,350
1,400～1,500	1	1,450
1,500～1,600	1	1,550
1,600～1,700	1	1,650

実際に「分散」や「標準偏差」を使ってみると

　実際に「分散」や「標準偏差」が役立つケースを見てみましょう。上記のビジネスパーソンは、部の平均売上、個人の売上ともに同じであるため、社内では同じ評価。しかし、Aさんはさんよりも懸命に取り組んでいることを証明したいそう。

38

分散と平均を計算すると……

> 計算方法は
> 41ページ。
> 手でやるのは
> 少々大変。

a部の分散＝約36428
a部の標準偏差
　＝√a部の分散＝約190万円

b部の分散＝71104
b部の標準偏差
　＝√b部の分散＝約266万円

約7割の社員の売上

896万円　～　1276万円
(1086−190)　　　(1086+190)

A君は標準偏差以上の売上で、
部内でトップクラス

約7割の社員の売上

820万円　～　1352万円
(1086−266)　　　(1086+266)

B君は標準偏差以内の売上で、
部内では上のほうだがまぁまぁ

データの分布上、A君のほうがすごいかもしれない
（が、会社の売上としては関係ない）

ヒストグラムにすると……

> おれのほうが
> すごいんだ！

▼a部の売上ヒストグラム

▼b部の売上ヒストグラム

> a部の
> ばらつきが少なく、
> b部は多い！

標準偏差を算出すると、a部が約190万円、b部が約266万円。つまり、ばらつきの少ないa部で標準偏差を上回る売上のAさんのほうがすごいといえなくもないでしょう。とはいえ、売上が同じであれば、同じ評価になる気もしますが……。

ひと山のヒストグラムになるデータだけ

注意が必要なのは、統計学的には、「分散」や「標準偏差」が有効なのはヒストグラムが"1つの山"の形になるときのみ。2つの山、谷のような形になるデータでは、あまり意味がありません。

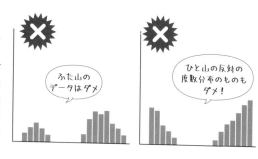

ふた山のデータはダメ

ひと山の反対の度数分布のものもダメ！

平均値、最頻値、中央値が重なる！

平均値

最頻値

中央値

ひと山なら意味がある！

Sum up

▌ 分散はデータのばらつき具合を表し、大きいとバラバラ、小さいとまとまる。だが、数自体にあまり意味はない。

▌ 標準偏差はデータのばらつき具合の平均といったイメージで、そのデータのばらつきの基準になる。

▌ ヒストグラムでひと山になり、もっとも普通の分布であれば、約7割は平均±標準偏差の範囲におさまる。

数式Check

$$分散 = \frac{(\text{データの値} - \text{平均})^2 \text{の和}}{\text{データの個数}}$$

$$標準偏差 = \sqrt{\frac{(\text{データの値} - \text{平均})^2 \text{の和}}{\text{データの個数}}}$$

n 個のデータ X_1、X_2、…、X_n があたえられたとき、
平均 $\bar{X}$ を用いて、分散・標準偏差は次のようになる。

手で計算するの
は大変!

$$分散 = \frac{(X_1 - \bar{X})^2 + (X_2 - \bar{X})^2 + \cdots + (X_n - \bar{X})^2}{n}$$

$$標準偏差 = \sqrt{\frac{(X_1 - \bar{X})^2 + (X_2 - \bar{X})^2 + \cdots + (X_n - \bar{X})^2}{n}}$$

度数分表から分散、標準偏差を算出する場合

下記の度数分布表があたえられたとき、
平均 $\bar{X}$ を用いて、分散・標準偏差は次のようになる。

階級値	X_1	X_1	X_n	総度数
度数	F_1	F_2	F_n	N

度数を
かけるのを
忘れないように!

分散

$$= \frac{(X_1 - \bar{X})^2 F_1 + (X_2 - \bar{X})^2 F_2 + \cdots + (X_n - \bar{X})^2 F_n}{F_1 + F_2 + \cdots + F_n}$$

標準偏差

$$= \sqrt{\frac{(X_1 - \bar{X})^2 F_1 + (X_2 - \bar{X})^2 F_2 + \cdots + (X_n - \bar{X})^2 F_n}{F_1 + F_2 + \cdots + F_n}}$$

統計には欠かせないんです……

用語から難しそうな「確率の基礎」。でもよく見ると、当たり前

調査の種類

すべてのデータを
きっちり取る

全数調査（悉皆調査）

例　国勢調査

メリット　正確なデータを取れる

デメリット　手間が膨大

全体から一部を
抽出する！

日本人全員だと
データが約1億2000万！
解析に相当
時間がかかるな……

一部を抜き出した
データを取る

標本調査（サンプル調査）

例　内閣の支持率

メリット　手間が少なくて済む

デメリット　誤差がつきもの

統計学には、確率の知識が必須

　ここからは統計学を学ぶうえで必須の、基礎的な確率の知識を紹介します。統計学で確率の知識を使うのはいくつかの理由がありますが、例えばP24で紹介したように、現実的には全数調査ではなく、一部を抽出する標本調査が多いため、

確率の基礎①
中身を知れば簡単な「確率の用語」

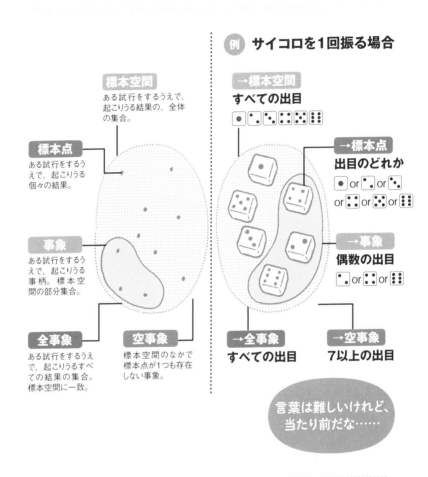

標本空間
ある試行をするうえで、起こりうる結果の、全体の集合。

標本点
ある試行をするうえで、起こりうる個々の結果。

事象
ある試行をするうえで、起こりうる事柄。標本空間の部分集合。

全事象
ある試行をするうえで、起こりうるすべての結果の集合。標本空間に一致。

空事象
標本空間のなかで標本点が1つも存在しない事象。

例　**サイコロを1回振る場合**

→**標本空間**
すべての出目

→**標本点**
出目のどれか
● or ∴ or ∵ or ∷ or ⠢ or ⠿

→**事象**
偶数の出目
∴ or ∷ or ⠿

→**全事象**
すべての出目

→**空事象**
7以上の出目

言葉は難しいけれど、当たり前だな……

　確率の手法を使い、「90%の確率で結果A」などのように表現するのです。まずは「標本空間」「事象」など、確率に登場する用語を解説します。用語自体は難しそうですが、中身を読めば当たり前と思うでしょう。

43

確率の基礎②
イメージすればわかる「事象の計算」

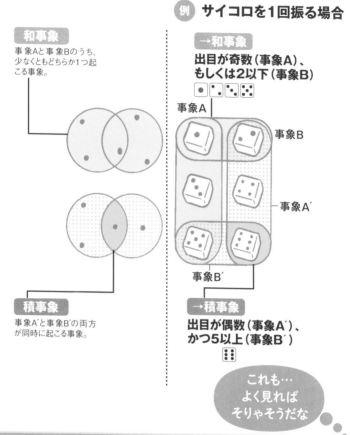

例 サイコロを1回振る場合

和事象
事象Aと事象Bのうち、少なくともどちらか1つ起こる事象。

→和事象
出目が奇数（事象A）、もしくは2以下（事象B）

事象A

事象B

事象A´

事象B´

積事象
事象A´と事象B´の両方が同時に起こる事象。

→積事象
出目が偶数（事象A´）、かつ5以上（事象B´）

これも…よく見ればそりゃそうだな

「事象同士の関係」と「場合の数」も、簡単に知っておこう

　ここでは事象同士の関係を考えてみます。まず事象 A と事象 B のうち、少なくともどちらかが起こるという事象が、事象 A と事象 B の和事象です。反対に事象 A´ と事象 B´ の2つが同時に起こる事象は、積事象と呼ばれます。「場合の数」

確率の基礎③
難しそうな「場合の数」は大体でOK

順列 　順番が大事！

「異なるn個のなかから
　k個選んで、
　一列に並べる並べ方」

並べ方の順番が異なる場合、別のものと考える。下の組み合わせに比べて数が多くなります。

$$_nP_k = \frac{n!}{(n-k)!}$$

例

ABCDの4文字から3文字選んで
一列に並べる際の並べ方

$$_4P_3 = \frac{4!}{(4-3)!} = 24 通り$$

ABC	ACB	BAC	BCA	CAB	CBA
ABD	ADB	BAD	BDA	DAB	DBA
ACD	ADC	CAD	CDA	DAC	DCA
BCD	BDC	CBD	CDB	DBC	DCB

組み合わせ 　順番は関係ない！

「異なるn個のなかから
　k個選んだ際の
　組み合わせの数」

並べ方は関係なく、選んだ内容のみで考える並べ方。当然、順列よりも数は少ないです。

$$_nC_k = \frac{n!}{k!(n-k)!}$$

例

ABCDの4文字から3文字
選んだ際の組み合わせの数

$$_4C_3 = \frac{4!}{3!(4-3)!} = 4 通り$$

ABC　ABD　ACD　BCD

は、数学の授業で登場した「〜通り」というあれ。あとで登場する「順列」「組み合わせ」は、数学的な証明を理解しなくても、困ることはありません。内容と計算方法、記号さえわかっていれば大丈夫です。

確率の基礎④

ようやく登場した「基礎的な確率」

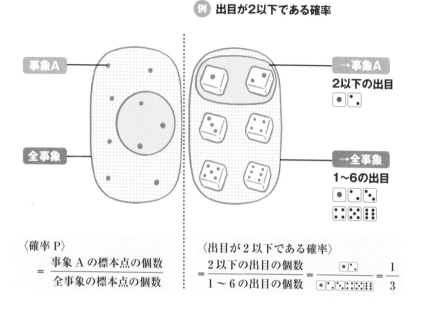

例 出目が2以下である確率

事象A

全事象

→事象A
2以下の出目

→全事象
1～6の出目

〈確率 P〉

$= \dfrac{\text{事象 A の標本点の個数}}{\text{全事象の標本点の個数}}$

〈出目が2以下である確率〉

$= \dfrac{2\text{以下の出目の個数}}{1\sim6\text{の出目の個数}} = \dfrac{1}{3}$

確率の定義も言葉は難しいが、内容は当たり前

　この節の最後に確率の定義と、基礎的な知識を紹介します。

　まず事象 A がかたよりなく起こる場合、その確率は、「事象 A の標本点の個数／全事象の標本点の個数」で表されます。言葉だと難しそうですが、上記のようにサイコロの出目で考えてみれば当たり前とわかるでしょう。また確率同士も、事象のように足し算ができます。事象 A と事象 B が同時に起こり得ない、つまり共通の標本点がないとき（排反事象であるとき）には足し算が成り立ちます（加法定理）。

出目が奇数と2は
同時に起きないから
足し算できる

例 出目が奇数、もしくは2である確率

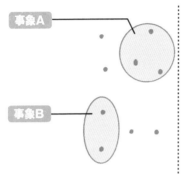

事象A

事象B

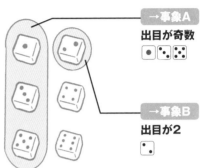

→**事象A**
出目が奇数

→**事象B**
出目が2

加法定理 $P = P_A + P_B$
P_A ＝事象 A の確率
P_B ＝事象 B の確率

P ＝奇数である確率 ＋ 2 である確率
$$= \frac{1}{2} + \frac{1}{6} = \frac{2}{3}$$

う〜ん
当たり前だな

Sum up

事象や確率の基礎は、用語を見ると難しそうだが、内容を知ると当たり
前のことが多い。

場合の数においては、要素を並べる順番が重要な「順列」と、順番
は気にしない「組み合わせ」がある。

確率の定義は、標本点の個数／全事象の標本点。条件が合えば、確
率同士の足し算も可能。

確率から統計へ戻ります

確率と統計をつなぐ2大キーワード
「確率変数」「確率分布」

きみたちの
橋渡しになって
あげよう

確率

3/8

確率変数

確率分布

統計

「確率」と「統計」って
どんな関係が
あるのかな……

確率変数と確率分布とは……

　確率の基礎を学んできましたが、確率と統計をつなげるの
が、「確率変数」と「確率分布」です。確率変数とは、"ある
試行を行って、値が決まる変数"。言葉だとよくわかりませ
んが、要は"サイコロを振って（試行）、決まる出目"など

例と一緒にみれば簡単
確率変数と確率分布とは

行動したあとの結果
確率変数

偶然に左右される何かを行った
結果により、値が決まる変数

 例

- コイントスをする ➡ 表裏が決まる
- サイコロを振る　➡ 出目が決まる

結果と確率を対応させたもの
確率分布

確率変数の値と、確率を対応させたも
の。それを表にしたのが確率分布表。
当然、確率の合計は1（100%）

確率分布表

確率変数	x_1	x_2	〜	x_n	計
確率	P_1	P_2	〜	P_n	1

例 実際の確率分布表

サイコロを1度振った際の
出目の確率分布表

出目の数字（確率変数）	確率
1	1/6
2	1/6
3	1/6
4	1/6
5	1/6
6	1/6

……P29で見た
度数分布表に
似ているな

サイコロを2度振った際の
出目の合計の確率分布表

出目の数字（確率変数）	確率
2	1/36
3	1/18
4	1/12
5	1/9
6	5/36
7	1/6
8	5/36
9	1/9
10	1/12
11	1/18
12	1/36

が確率変数です。確率分布は、確率変数の値と、その確率を
対応させたもので、表にしたものを確率分布表と呼びます。
これだけではまだ確率と統計のつながりはわかりませんが、
次ページから、確率と統計のつながりを紹介していきます。

確率分布表からつくれる!
統計学で頻出のヒストグラム

サイコロを1度振った際の
出目の確率分布表

出目の数字（確率変数）	確率
1	1/6
2	1/6
3	1/6
4	1/6
5	1/6
6	1/6

サイコロを2度振った際の
出目の合計の確率分布表

出目の数字（確率変数）	確率
2	1/36
3	1/18
4	1/12
5	1/9
6	5/36
7	1/6
8	5/36
9	1/9
10	1/12
11	1/18
12	1/36

ヒストグラムにすると

ヒストグラムにすると

度数分布表と
同じように
ヒストグラムが
つくれる!

確率分布を使えば、確率が統計学に近づく

　実は、確率変数を記した確率分布表を使えば、P29で紹介した度数分布表と同様にヒストグラムをつくることができ、統計のように扱えるのです。また、P30に登場した平均値や、P36に登場した分散、標準偏差などの統計で頻出する値も、

確率分布を利用すると、
統計でおなじみの数値が出せる

確率分布における
全体を均した数値
平均（期待値）

ある確率分布における
確率変数の、おおよその値

確率変数	x_1	x_1	x_n
確率	p_1	p_2	p_n

平均（期待値）

$= x_1 p_1 + x_2 p_2 + \cdots + x_n p_n$

例

サイコロを1度振った際の出目の期待値は?

$1 \times \dfrac{1}{6} + 2 \times \dfrac{1}{6} + 3 \times \dfrac{1}{6} + 4 \times \dfrac{1}{6} + 5 \times \dfrac{1}{6} + 6 \times \dfrac{1}{6} = 3.5$

例

ジャンボ宝くじの期待値は?

	賞金額	確率
1　等	300,000,000 円	0.0000001%
1等の前後賞	100,000,000 円	0.00002%
1等の組違い賞	100,000 円	0.00099%
2　等	5,000,000 円	0.0002%
3　等	1,000,000 円	0.001%
4　等	10,000 円	0.2%
5　等	3,000 円	1.0%
6　等	300 円	10%

300,000,000 円 × 0.0000001 +
100,000,000 円 × 0.0000002 +
100,000 円 × 0.0000099 +
5,000,000 円 × 0.000002 +
1,000,000 円 × 0.00001 +
10,000 円 × 0.002 +
3,000 円 × 0.01 +
300 円 × 0.1
= 約 151 円

1枚300円だから、
1枚ごとに約150円
損する!

確率変数や確率分布から算出することができます。

　なお、平均は、確率では、「この確率変数なら、均したら
大体このくらいの値」というイメージであり、「期待値」と
呼ばれることが多いようです。

分散

**数値にあまり意味はないが、
期待値からのちらばり具合の目安**

P51 の上の確率分布表で、平均（期待値）をmとすると

分散 =
$$(x_1 - m)^2 p_1 + (x_2 - m)^2 p_2 + \cdots + (x_n - m)^2 p_n$$

標準偏差

**確率分布における期待値からの
ちらばり具合の基準**

$$標準偏差 = \sqrt{分散}$$

$$= \sqrt{(x_1 - m)^2 p_1 + \cdots + (x_n - m)^2 p_n}$$

分散・標準偏差が大きいと、低くなだらかなヒストグラムの形状になります。

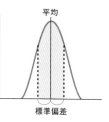

分散・標準偏差が小さいと、高く、とがったヒストグラムの形状になります。

例

サイコロを1度振った際の分散、標準偏差は?

$$分散 = (1 - 3.5)^2 \frac{1}{6} + (2 - 3.5)^2 \frac{1}{6} + (3 - 3.5)^2 \frac{1}{6} +$$

$$(4 - 3.5)^2 \frac{1}{6} + (5 - 3.5)^2 \frac{1}{6} + (6 - 3.5)^2 \frac{1}{6} \fallingdotseq 2.92$$

$$標準偏差 = \sqrt{分散} = \sqrt{2.92} \fallingdotseq 1.71$$

サイコロを何度も投げると、出目の平均は
1.79〜5.21の間になる可能性が高い!

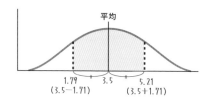

サイコロを振ると、2〜5くらいの間が出ることが多いという普通の結果に。

そりゃ
そうだろう

Sum up

ある試行を行って数値が決まるのが確率変数、確率変数の値とその確率を対応させたものが確率分布。

確率分布表からは、度数分布表と同様にヒストグラムがつくれ、統計学で扱うことができる。

確率分布から、統計学で登場する平均値、分散、標準偏差などを算出することができる。

数式Check

右記の確率分布表があたえられた場合、平均、分散、標準偏差は以下で示される。

確率分布表

確率変数	x_1	x_2	$\langle\langle$	x_n	計
確率	p_1	p_2	$\langle\langle$	p_n	1

$$平均 = x_1 p_1 + x_2 p_2 + \cdots + x_n p_n$$

以下、平均を m とする

$$分散 = (x_1 - m)^2 p_1 + (x_2 - m)^2 p_2 + \cdots + (x_n - m)^2 p_n$$

$$標準偏差 = \sqrt{(x_1 - m)^2 p_1 + (x_2 - m)^2 p_2 + \cdots + (x_n - m)^2 p_n}$$

これがのちのち重要になってくるのじゃ

人間の直感とズレる!?
不思議な確率の世界

当たりが 1%なら、100 回に 1 回当たる!?

　突然ですが、"スマホガチャ"をご存知ですか? スマートフォンゲームに登場するくじの一種で、硬貨を入れてレバーを回すとカプセルトイが出てくる現実に存在する装置(通称ガチャガチャ)をスマホゲーム上で再現したもの。このスマホガチャで、「レアアイテムの出る確率は 1%!」などと表示されているのを見たことがありませんか? この場合、100 回引けば"確実に"1 度は当たるといえるのでしょうか?

　現実の装置で考えれば、1%の当たりですから、当たりを 1 個含む 100 個のカプセルトイが入っているケースでは、100 回引けば確実に 1 度は当たります。スマガチャでも、なんとなくそう考えがちでしょう。

　しかし、考えてみれば当たり前ですが、スマホ上のくじですから、1 度くじを引いても中身が減るわけではありません。ですから、くじを引くのが 1 度目でも 100 度目でも、はずれる確率は $\frac{99}{100}$ なので、100 回続けて引いても $\left(\frac{99}{100}\right)^{100}$ =約 36.6% の確率ではずれます。つまり、およそ 3 人に 1 人は、100 回続けて引いても当たらないのです。(もちろん、くじを引く回数に応じて確率を変えている可能性もあるので、一概にいえませんが)

　このように確率では、なんとなくの印象と、実際の確率とでは、異なる場合があります。その例として、「モンティ・ホール問題」を見てみましょう。

当たる確率が変化⁉ 不思議なモンティ・ホール問題

「モンティ・ホール問題」は、アメリカのテレビ番組で行われたゲームから生まれた問題で、番組の司会者の名前からこう呼ばれています。シンプルな問題ながら、アメリカでは数学の研究者の間でも論争になりました。ゲームのルールは以下です。

❶ プレーヤーの前には A、B、C の３つの扉があり、その１つには豪華商品（当たり）があり、残りの２つははずれ。プレーヤーは３つから１つの扉を選ぶ。

例 A の扉を選ぶ

❷ その後、司会者はプレーヤーが選んでいない２枚の扉のうち、はずれの扉を１つ開けて見せてくれる。

例 司会者は B と C の扉のうち、はずれの扉を開ける

❸ 最後に、司会者はプレーヤーに「選んだ扉を変えてもよい」といい、プレーヤーは選択する扉を再度選べる。

　果たしてプレーヤーは扉を変えるべきか変えないべきか。

　多くの人が「どうせ選んだ扉が当たる確率は 1/3 なのだから、扉を変えても同じ」と思うのでは。

　実は、❸で選択する扉を変えると、豪華商品が当たる確率がなんと２倍に増えるのです。なんとも不思議な感じがするでしょう。 実際に、同じ状況で何度も繰り返し実験したり、コンピュー

タでシュミレーションしたりすると、「選択を変える」と当たる確率は2倍になることがわかります。

　この問題にはさまざまな解説がありますが、円グラフを使うのが、もっとも直感的に理解しやすいはずです。

モンティ・ホール問題の簡単な解説

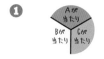

当たり前だが、プレイヤーが最初に選択する段階では、ABCすべての確率が1/3の状態。

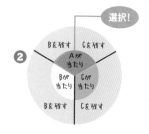

プレイヤーがAを選択した場合を考える。その場合、司会者の取る行動は2つに分かれる。（外側の円グラフの2つ）

司会者がBを開いた場合、左半分の可能性は消える。内側の円グラフを見ると、AからCに移動することで、確率が1/3から2/3へと、倍に増えているのがわかる。

　確率では、こうした人間の直感とは異なることがしばしば起こります。このような問題も、確率の楽しさの1つなのかもしれません。

身のまわりで使われている!

統計学による解析の考え方

統計学による基礎的な解析として、
「正規分布」「二項分布」「推定」「検定」「相関」
という5つの考え方を知っておきましょう。同時に、
それぞれが身のまわりで活用されている例を見れば、
実は身近な存在であることがわかるはずです。

1

統計学の王様、正規分布は全体を俯瞰する視点をあたえてくれる

まちがいなく最重要!

ある企業の売り上げのヒストグラム

特徴2

度数だけでなく、確率分布でも使える

正規分布は、このイラストの
ような度数だけでなく、
確率分布でも
成り立ちます。

人数

ダメ社員
人数 少

低

これが
正規分布じゃ!

正規分布

統計学の王様、正規分布はもっとも普通の分布

　統計学のなかで、絶対にはずせない王様が
「正規分布」。統計学の理論の多くは、データ
が"おおよそ正規分布であること"が前提な
のです。では、正規分布とは何かといえば、

特徴 1

現実にある多くの
データに当てはまる!

英語だと "normal distribution"、
つまり、ノーマルな分布。
身のまわりの多くの
データがこの分布に。

正規分布になるデータの例

標準的なテストの結果、一般的なダーツの結果、身長、降水量、製品の工作誤差など。

> 目安となる値があり、
> 大小誤差が
> あるものじゃな

エリート社員
人数 少

特徴 3

調べ尽くされている
形なので、値から
多くの情報が得られる!

例えば、「全体の上位 10% なら、
平均+○万円」ということが、
簡単にわかります。

平均　　　　　　　　高　売上

> 統計学では、データが
> 「正規分布していること」が
> 重要なのじゃ!

もっとも自然で、"普通"の分布。平均値のデータがもっとも
多く、離れるとデータが減っていく分布で、何度も登場した
ひと山のヒストグラムは正規分布に近似できます。特徴が調
べ尽くされている正規分布からは、多くの情報が得られます。

特徴 1

正規分布は、もっとも "自然" な分布だから 多くのデータにあてはまる

「おおよその値が決まっており、その値から離れるほどデータが減る分布」は正規分布になることが多いよう。右に上げた3つの特徴があります。

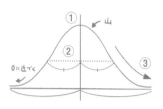

正規分布の特徴

① ひとつの山の形
② 山を中心に左右対称
③ 山から離れると0に近づく

特徴 2

度数だけでなく、確率分布でも正規分布は成り立つ

確率分布の正規分布も、期待値（平均値）の確率が高く、離れるほど確率が下がります。ヒストグラムの階級をせまくすると、曲線のグラフに近づき、曲線内の面積は、確率の合計なので、1（=100%）です。

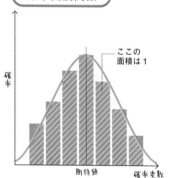

確率密度関数

ここの面積は 1

正規分布と判断できれば、多くのことがわかる

　身のまわりや自然界にもありふれた正規分布。ヒストグラムは平均値のデータがもっとも多く、左右（±）に離れるに従って0に近づく、左右対称のなだらかな山の形状をしています。イメージのしやすい度数の分布だけでなく、P49で紹

特 徴 3

調べ尽くされているので、
いろいろな情報が
引き出せる!

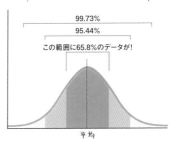

正規分布はさまざま性質がわかって
おり、"標準化"という操作を行えば、
「データの数値」と「その値が分布
する場所」の関係が簡単にわかりま
す(詳しくは次ページ)。

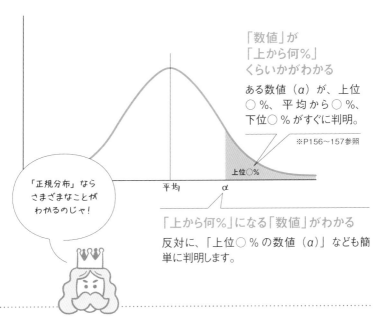

「数値」が
「上から何%」
くらいかがわかる

ある数値(α)が、上位
○%、平均から○%、
下位○%がすぐに判明。

※P156〜157参照

「正規分布」なら
さまざまなことが
わかるのじゃ!

「上から何%」になる「数値」がわかる
反対に、「上位○%の数値(α)」なども簡
単に判明します。

介した確率分布にも、正規分布は登場します。実際のデータ
で正規分布であれば、「全体の上位10%は、平均+○」、反
対に「平均+10くらいだと全体の上位○%」などの情報が
簡単に引き出せるのです。

＼ ちょっと難しいけれど ／

当然、正規分布を数式で あらわすことも可能

正規分布のグラフの数式が下記です。数式から、データによって
異なるのは「標準偏差」と「平均」のみであり、
グラフの形がこの2つの値で決まることがわかります。

数式とグラフで見る正規分布

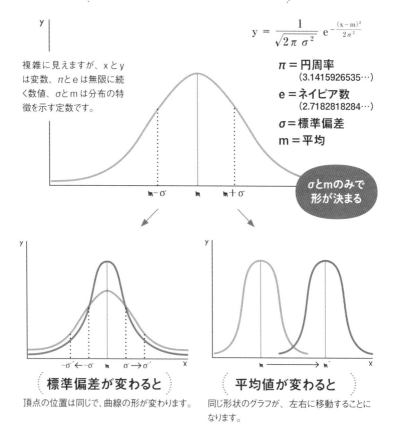

$$y = \frac{1}{\sqrt{2\pi\sigma^2}}\, e^{-\frac{(x-m)^2}{2\sigma^2}}$$

複雑に見えますが、xとy
は変数、πとeは無限に続
く数値、σとmは分布の特
徴を示す定数です。

π = 円周率
（3.1415926535…）

e = ネイピア数
（2.7182818284…）

σ = 標準偏差

m = 平均

σとmのみで
形が決まる

$m-\sigma$　m　$m+\sigma$

標準偏差が変わると

頂点の位置は同じで、曲線の形が変わります。

平均値が変わると

同じ形状のグラフが、左右に移動することに
なります。

II 正規分布を、よりシンプルな "標準正規分布"にすると すっきりわかりやすくなる(はず)

P62 の数式に "標準化" という操作をすると、標準偏差が 1、平均が 0 の "標準正規分布" になります。こうすると正規分布表から、「データの数値」と「その値の位置」の関係が得られます。

標準正規分布図のイメージ

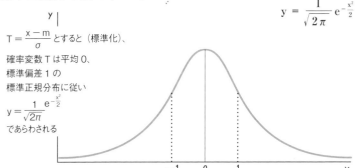

$T = \dfrac{x - m}{\sigma}$ とすると（標準化）、

確率変数 T は平均 0、
標準偏差 1 の
標準正規分布に従い

$y = \dfrac{1}{\sqrt{2\pi}} e^{-\frac{x^2}{2}}$

であらわされる

$$y = \frac{1}{\sqrt{2\pi}} e^{-\frac{x^2}{2}}$$

〈正規分布表を使うと〉

① 数値から割合を調べる

調べたい数値（0.12）より、下から 54.78% にあることがわかります。

② 割合から数値を調べる

下から 54.78% はどこかと調べると、0.12 という数値が判明します。

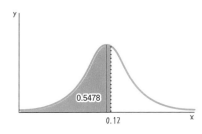

正規分布表	
0.00	0.500
0.01	0.504
0.02	0.508
0.03	0.512
0.04	0.516
0.05	0.5199
0.06	0.5239
0.07	0.5279
0.08	0.5319
0.09	0.5359
0.10	0.5398
0.11	0.5438
0.12	0.5478
0.13	0.5517
0.14	0.5557

※P156〜157参照

Section 2-1

正規分布 × 教育

偏差値は、自分が全体のなかで
どのあたりにいるかを示す

【偏差値】
全体における得点の位置を示す値。
50だと平均点で上位50%、60だと上
位の約15.88%などがわかります。

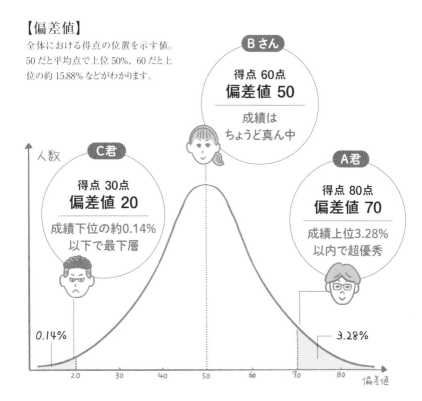

B さん
得点 60点
偏差値 50
成績は
ちょうど真ん中

C君
得点 30点
偏差値 20
成績下位の約0.14%
以下で最下層

A君
得点 80点
偏差値 70
成績上位3.28%
以内で超優秀

人数

0.14%

3.28%

20 30 40 50 60 70 80

偏差値

偏差値は、テストの得点が正規分布であると見なした数値

　ある調査をした際、"実際にはどんな分布かわからないデー
タ"であっても、もっとも自然な分布である正規分布とみな
して、利用されることがあります。代表的なのが、模試など
に登場する偏差値です。偏差値はテストの受験者全体の得点

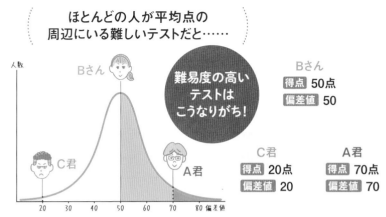

ほとんどの人が平均点の
周辺にいる難しいテストだと……

難易度の高い
テストは
こうなりがち！

Bさん
得点 50点
偏差値 50

C君
得点 20点
偏差値 20

A君
得点 70点
偏差値 70

難しいテストは平均点の周辺が多くなり、高い得点の人は少なくなり、とがったヒストグラムになります。

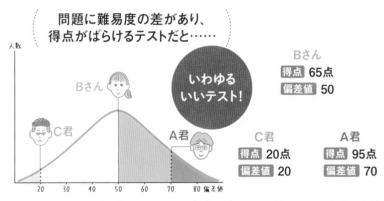

問題に難易度の差があり、
得点がばらけるテストだと……

いわゆる
いいテスト！

Bさん
得点 65点
偏差値 50

C君
得点 20点
偏差値 20

A君
得点 95点
偏差値 70

問題により難易度に差があるテストだと得点がばらけ、どの範囲にもある程度の人数がいる、なだらかなヒストグラムになります。

を正規分布とみなし、ある人の得点が、全体のどの辺りに位置しているかを示した数値です。得点に差のつきにくい難しいテストならとがったヒストグラムに、難易度の差があるテストならなだらかなヒストグラムになります。

$$偏差値 = \underbrace{\frac{自分の点数 - 平均点}{標準偏差}}_{①} \underbrace{\times 10 + 50}_{②}$$

① 要は、「自分のばらつき」が 「標準のばらつき」の何倍か

偏差値のポイントは、「自分のばらつき」、つまり平均点との差が「標準のばらつき」である標準偏差の何倍か。60以上になるには、標準偏差を越えなければなりません。

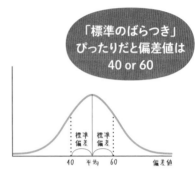

「標準のばらつき」
ぴったりだと偏差値は
40 or 60

② わかりやすくするために、 10倍して50を足す

①だけでも本質的には問題ありませんが、偏差値が「0.8」「-1.2」よりも、平均点だと「50」で、0.8なら「58」、-1.5なら「38」などのほうがわかりやすいため、10をかけ50を足します。

偏差値 0.8 より、
偏差値58 のほうが
わかりやすい！

自分のばらつきと、標準のばらつきを比べる

　偏差値の算出方法は、自分のばらつきと、標準のばらつきの比率に10をかけ、50を足したもの。P67にあるように、偏差値の数値によって、上位、下位、真ん中から自分の得点がどの位置にあるかがすぐにわかります。

偏差値の特徴

平均点の異なるテストでも、自分が
上位(下位)何%にいるかを知ることができる

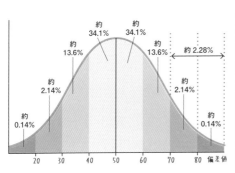

偏差値を10ごとに区切って、全体の何%のデータが含まれているかも示したもの。

山がふたつある
ようなデータでは、
偏差値はアテに
ならない

問題の難易度に
大きな差がある
ようなテスト

ヒストグラムで2つの山
がある分布だと、左の割
合にはなりません。

例 合計点は同じA君とB君どっちがスゴイのか?

テストの
データ
　英語のテスト▶平均 60点　標準偏差▶25
　数学のテスト▶平均 60点　標準偏差▶6

A君

英語 65点
数学 75点
合計 140点

英語 $\dfrac{65-60}{25} \times 10 + 50 = 52$ 偏差値

数学 $\dfrac{75-60}{6} \times 10 + 50 = 75$ 偏差値 **スゴイ!**

B君

英語 75点
数学 65点
合計 140点

英語 $\dfrac{75-60}{25} \times 10 + 50 = 56$ 偏差値

数学 $\dfrac{65-60}{6} \times 10 + 50 = 58$ 偏差値

A君とB君は数学と英語の合計点は同じだが、
偏差値で見ると、A君の数学は飛び抜けてスゴイ!

2 Section 2-1

正規分布 × 金融

カード会社の**クレジットカードの限度額**は
正規分布の使用額モデルがある!

その
クレジットカード、
使えません!

もう限度額!?
現金もって
ないよ!

1カ月のカード利用金額例

利用額

点線を超えた
分が損失になる

カード会社の損失

限度額超えは、
カード会社には
損失

限度額
(5万円)

1月 2月 3月 4月 5月 4月 7月

利益とリスクの間を考えるクレジットカードの限度額

　正規分布は、クレジットカードの限度額を考える際のモデルとしても活用されています。カードの運営会社にとって、カードの使用金額が多いと収益も多くなりますが、かといって金額が多すぎると支払いに問題が起きる可能性があります。

68

クレジットカードの限度額設定の考え方

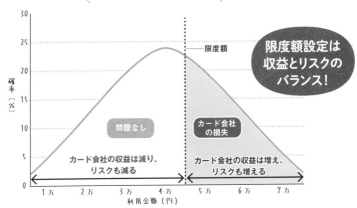

使用金額のモデル

限度額

限度額設定は
収益とリスクの
バランス！

問題なし

カード会社
の損失

カード会社の収益は減り、
リスクも減る

カード会社の収益は増え、
リスクも増える

確率（％）

30 / 25 / 20 / 15 / 10 / 5 / 0

1万 2万 3万 4万 5万 6万 7万
利用金額（円）

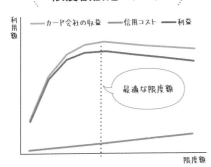

限度額設定ロジック

利用額

カード会社の収益 ── 信用コスト ── 利益

最適な限度額

限度額

利益が最大化する
ポイントが限度額

「カード会社の収益」と、支払いに問題が起こるのを防ぐための「信用コスト」の差から「利益」が最大になる部分を導くと、限度額が決まります。

※「限度額設定ロジック」はテンソル・コンサルティング株式会社が特許取得済みです。

毎月の使用金額を正規分布と考えると、限度額が使用金額より少なければ問題ありません（上のグラフの青部分）が、多い月（上のグラフの赤部分）はカード会社の損失です。そこで、「限度額設定ロジック」という考え方で限度額を決めています。

② 現実に多い二項分布は"多いと正規になる"統計学のプリンス

高校時代、断念した人多数……

サイコロの
ある目が出る?
出ない?

TV番組を
みる?
みない?

新薬が
きく?
きかない?

正しい製品が
できる?
できない?

ある病気に
なる?
ならない?

これらの結果は
二項分布に
なるんだ!

二項分布

ある確率で、A or A以外が起こる。それが二項分布

　二項分布とは、「起きる確率がA%、起こらない確率が100-A%の試行を複数回行ったときに、何回起こるか」の確率分布。例えば、サイコロを振って1が出る確率は1/6、

試行数が少ないと変な形の
ヒストグラム。でも数が増えると……

P73 の計算により、下記の確率が算出されます。確率が 1/6 なので、イメージ通り 1 回出る確率が約 4 割と、もっとも多数。

サイコロを6回振り、1の目が出る確率分布表

1の目が出る回数	0	1	2	3	4	5	6
1の目が出る確率	0.335	0.402	0.201	0.054	0.008	0.001	0

サイコロを6回振り、1の目が出る確率

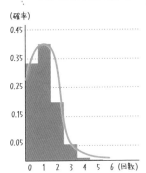

サイコロを12回振り、1の目が出る確率

ちょっと正規分布に近づく……

サイコロをふる数を増やすと、どんどん正規分布に近づいているのがわかります。

サイコロを50回振り、1の目が出る確率

正規分布の形に近づいていくのだ！

出ない確率は 5/6 で、サイコロを 6 回振ったときなどの分布です。上が確率分布表とヒストグラムで、これだけでは、何だかよくわかりませんが、回数を増やすとなんと正規分布に近づいていくのです。これが二項分布の特徴です。

二項分布は試行数が増えると、正規分布に近似できる

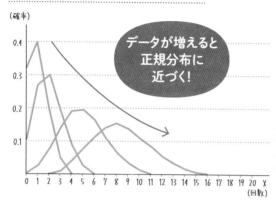

（確率）

0.4
0.3
0.2
0.1

データが増えると
正規分布に
近づく!

0 1 2 3 4 5 6 7 8 9 10 11 12 13 14 15 16 17 18 19 20 X
（回数）

二項分布は、データの数が増えると、どんどん正規分布に近づいていきます。

二項分布のメリット

平均（期待値）や分散、標準偏差を求めるのがとても簡単!

試行数をn、確率をpとすると

平均（期待値）＝np
分散＝np（1 − p）
標準偏差＝$\sqrt{np(1-p)}$

普通に
計算すると
とても大変なのだ

二項分布に近似できると、簡単に計算できる!

　試行数が増えると正規分布と同様に扱える二項分布。また、二項分布を確率分布として考えた場合にも特徴があります。一般的な確率分布で、期待値や分散を求めるのは計算が大変ですが、二項分布なら上記のように簡単に算出できるのです。

＼ ちょっとだけ理解しておけば大丈夫 ／
二項分布における確率分布の計算

独立な試行で、ある事象が起こる確率を p とする。
試行を n 回行い、ある事象が起こる回数を k とすると、
その確率は以下であたえられる。

$$ {}_nC_k p^k (1 - p)^{n-k} $$

（組み合わせ ${}_nC_k$ の
詳しい計算方法は P45）

> 例　サイコロを6回投げて、1の目が1回出る確率

$$ {}_6C_1 \left(\frac{1}{6} \right)^1 \left(1 - \frac{1}{6} \right)^5 = 0.402 $$

6回投げるとき		12回投げるとき		50回投げるとき	
1の目が出る回数	1の目が出る確率	1の目が出る回数	1の目が出る確率	1の目が出る回数	1の目が出る確率
0	0.335	0	0.112	0	0
1	0.402	1	0.269	1	0.001
2	0.201	2	0.296	2	0.005
3	0.054	3	0.197	3	0.017
4	0.008	4	0.089	4	0.040
5	0.001	5	0.028	5	0.075
6	0	6	0.007	6	0.112
		7	0.001	7	0.140
		8	0	8	0.151
		9	0	9	0.141
		10	0	10	0.116
		11	0	11	0.084
		12	0	12	0.055
				13	0.032
				14	0.017
				15	0.008
				16	0.004
				17	0.001
				18	0.001
				19	0
				50	0

二項分布は
B (n,p) と
表現することも

二項分布 × **製造**

製造業やサービス業では
高クオリティ維持の秘訣が**シックスシグマ**

シックスシグマは、誤差を減らす合言葉

　製造業で製品が、良品か、不良品かの分布も二項分布です。不良品を減らするための考え方がシックスシグマ（6σ）。σとは標準偏差で、良品を6σの範囲内に収めるくらい、不良品をきわめて少なくするということです。具体的には不良

6σとすると

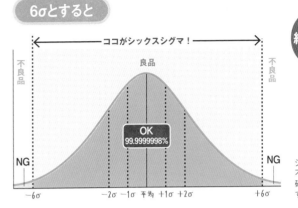

不良品を
約0.0000002%に
抑える！

ココがシックスシグマ！

不良品　良品　不良品

OK
99.9999998%

NG　NG

−6σ　−2σ −1σ 平均 +1σ +2σ　+6σ

シックスシグマは、
不良品が発生する
確率を極限まで減ら
す取り組み。

例　誤差の範囲が±1mmの製品で、良品を増やすと

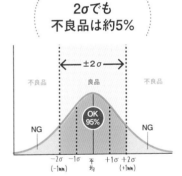

2σでも
不良品は約5%

±2σ

不良品　良品　不良品

OK
95%

NG　NG

−2σ −1σ 平均 +1σ +2σ
(−1mm)　(+1mm)

2σだと良品は約95.44%。精度としては高いよう
に感じますが、シックスシグマではこれは全然ダメ。

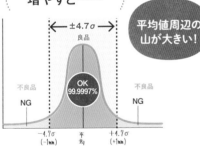

良品を
増やすと……

±4.7σ

平均値周辺の
山が大きい！

良品

不良品　不良品

OK
99.9997%

NG　NG

−4.7σ 平均 +4.7σ
(−1mm)　(+1mm)

良品の割合を増やすには、平均値周辺（良品）
を極端に高くする必要があります。

品を 100 万個中 3、4 個にすること。これを目標に、精度を
上げる取り組みを行うのです。こうした改善のフレームワー
ク全体をシックスシグマと呼び、現在では営業部門やサービ
ス業でも顧客満足度向上の手法として使われています。

推定は、"一部から全部" "現在から未来"を予測する超能力者

わからないことがわかる!?

手順 1

抽出した
データのみで
"点推定"を行う

まずは、標本調査などで
取得できた一部の
データのみを解析する
"点推定"を行います。

これがもっとも簡単な
推定の手順。
この写真がもとは
どんな写真だったか
考える

まずは見えている
部分だけを考えよう

推定

標本調査などから、全体像をつかむ!

　続いては、統計学の"推定"。P24 で紹介
したように、現実の調査では「数が多すぎる」
「物理的に不可能（例えば出荷前の缶詰。す
べてを開けて調べると製品が 0 に）」などの

手順 2

可能性の
「高いぼんやり」か、
「低いはっきり」か、
信頼度を決める

精度となる"信頼度"を
決めます。精度が高いほど、
ぼんやりした結果に。

今回は
"可能性の低いはっきり"、
信頼度90%でいこう

可能性の低い　　可能性の高い
はっきり　　　　ぼんやり

手順 3

方向性に基づき、
標本全体を使って
"区間推定"を行う

標本全体のデータ数などを
考え、幅のある
"区間推定"を
行います。

90%の確率で、
この写真はこんな感じ
だったはずだ！

見えているのは
全体の1/6くらい、
住宅街だな……

理由で、一部を抽出して調べる標本調査が多いのです。そん
なときに一部から、全体を考えるのが推定です。基本的な流
れは、①抽出したデータを分析、②推定の"はっきり具合"
を決める、③幅のある推定を行う、という手順です。

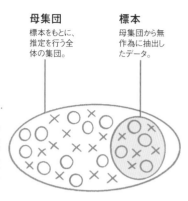

母集団 標本をもとに、推定を行う全体の集団。

標本 母集団から無作為に抽出したデータ。

手順 1

サンプル（標本）のみから、全体（母集団）の確率を推定する点推定

まずは、無作為に抽出した標本のみから母集団を考える点推定を行います。ただしこれだけでは、標本の大小やデータのばらつきは考慮されていません。

手順 2

実施した調査などに応じ、適切な信頼度を考え、推定の幅を考える

調査の内容によって、その推定が成立する確率である信頼度を決めます。信頼度が高いほど、手順3 の区間は広くなります。テレビの視聴率などは信頼度95%とされています。

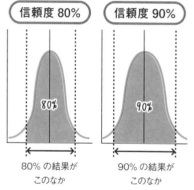

信頼度 80%	信頼度 90%

80% の結果がこのなか　90% の結果がこのなか

推定は「信頼度95%で視聴率13〜18%」と導く

　具体的に推定の流れを見てみましょう。点推定とは、母集団から抽出した一部の標本を調べる操作。テレビの視聴率でいえば、得られたデータのみで視聴率を計算することです。その後、調査の用途に応じ、信頼度を決めます。信頼度が

手 順 3
「信頼度○%で、結果は a～bの間にある」という 区間推定を行う

最後が区間推定です。少々複雑な計算が必要ですが、標準正規分布や二項分布なら、その特徴を使って簡単に算出できます。

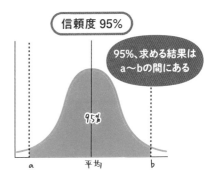

信頼度 95%

95%、求める結果は a～bの間にある

95%

a　　平均　　b

"信頼度を高く、区間をせまく"推定するには サンプルを大きく増やす必要が!

サンプルを増やすと、信頼区間をせまくすることができます。ただし、計算上はサンプルを100倍にしても、誤差は1/10ですので、手間と結果のバランスを考える必要があります。

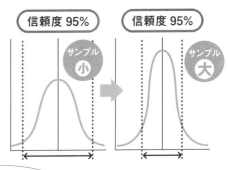

信頼度 95%　　信頼度 95%

サンプル 小　　サンプル 大

どの程度はっきりした
結果が必要かにより、
サンプル数も考えなければ
いけないのだ

95% なら、視聴率でいうと「95% の確率で、実際の視聴率が今回の推定の範囲に入る」という意味です。最後が "区間推定" です。統計学の計算により（次ページ）、可能性のある区間を算出します。得られた範囲を "信頼区間" と呼びます。

＼ 実際に推定は使われている! ／
実際の視聴率の算出方法

実際に推定を行う際には、正規分布や二項分布で登場した
計算が必要です。ここでは、推定の一例として視聴率の
計算を見てみましょう。

例	
関東の世帯数（母集団）…………………………1800万世帯	
関東で調査する世帯（標本）………………………2700世帯	
標本のうちある番組を視聴していた世帯………405世帯	

視聴率を p とすると、
期待値は 2700p、標準偏差は $\sqrt{2700p(1-p)}$

① 「番組を見ていた世帯」と「調査した世帯」から点推定を行う

$$p = \frac{405}{2700} = 15\%\qquad 期待値 = 405 \qquad 標準偏差 = 18.6$$

② 信頼度を95%に設定

テレビ番組の視聴率調査では、信頼
度を 95% にすることが多いようです。

$$P(|T| \leq 1.96) = 0.95$$

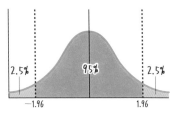

2.5%　　95%　　2.5%

−1.96　　　　1.96

	0	0.01	0.02	0.03	0.04	0.05	0.06	0.07	0.08	0.09
0	0.500	0.496	0.492	0.488	0.484	0.480	0.476	0.472	0.468	0.464
1.6	0.055	0.054	0.053	0.052	0.051	0.049	0.048	0.047	0.046	0.046
1.7	0.045	0.044	0.043	0.042	0.041	0.040	0.039	0.038	0.038	0.037
1.8	0.036	0.035	0.034	0.034	0.033	0.032	0.031	0.031	0.030	0.029
1.9	0.029	0.028	0.027	0.027	0.026	0.026	0.025	0.024	0.024	0.023
2	0.023	0.022	0.022	0.021	0.021	0.020	0.020	0.019	0.019	0.018

③ 95%の範囲に入る範囲を求める区間推定を行う

標準正規分布とみなすには $T = \dfrac{X - m}{\sigma}$

X=確率変数
m=期待値
σ=標準偏差

$P(|T| \leqq 1.96)$にあてはめると　　代入する

$P(|X - m| \leqq 1.96\sigma)$　　絶対値を外す

この計算は
少し複雑だ

$X - 1.96\sigma \leqq m \leqq X + 1.96\sigma$

点推定の値を入れると　　X=405、σ=18.6
m=2700pを入れる

$405 - 1.96 \times 18.6 \leqq 2700p \leqq 405 + 1.96 \times 18.6$

$13.6\% \leqq p \leqq 16.4\%$

こうして
推定が完了！

推定

信頼度95%で、視聴率は13.6%から
16.4%の間にあることが推定された

推定 × **政治**

Section 2-3

ニュースで聞く**内閣支持率の変動** 統計学的には、変わっていない!?

今回の調査では、内閣支持率は前回よりも3ポイント下落し、40%となっています。

うーん

ヤメテクレー

推定

いや、推定的に考えれば下落したとはいえないよ

リアルな内閣支持率の変化とは

　　内閣支持率は、国民全員には調査できない（作業が膨大になり、集計にも時間がかかる）ため、推定で算出されています。「前回の調査と比べ、〇ポイント（％）下落しました」などとニュースで見ることがありますが、本当に下落してい

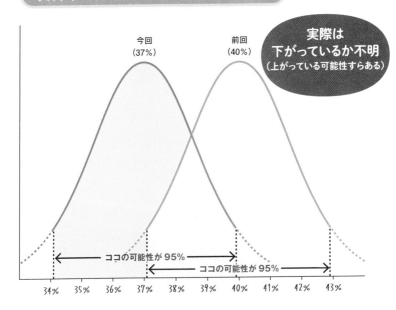

支持率の変化（有効な回答数は1000）

今回
（37%）

前回
（40%）

実際は
下がっているか不明
（上がっている可能性すらある）

←ココの可能性が95%→

←ココの可能性が95%→

34%　35%　36%　37%　38%　39%　40%　41%　42%　43%

前回　信頼度95%で、37.0%から43.0%（40%±3.0%）の間

今回　信頼度95%で、34.1%から39.9%（37%±2.9%）の間

重なっている範囲があるため、
確実に下がっているとはいえない！

るのでしょうか？　上のグラフは、支持率の変化を示す例。
推定では、本当の支持率は、信頼区間の範囲内にあることし
かわかりません。信頼区間が重なっている場合、本当の支持
率が下落しているかは、わからないのです。

信頼度95%の内閣支持率の信頼区間の目安

有効回答数＼支持率	10% or 90%	20% or 80%	30% or 70%	40% or 60%	50%
3000	±1.0%	±1.4%	±1.6%	±1.7%	±1.7%
2500	±1.1%	±1.5%	±1.7%	±1.9%	±1.9%
2000	±1.3%	±1.7%	±1.7%	±2.4%	±2.1%
1500	±1.5%	±2.0%	±2.3%	±3.0%	±2.5%
1000	±1.8%	±2.4%	±2.8%	±3.2%	±3.0%
600	±2.4%	±3.2%	±3.6%	±3.9%	±4.0%
500	±2.6%	±3.5%	±4.0%	±4.2%	±4.3%
100	±5.8%	±7.8%	±8.9%	±9.6%	±9.8%

信頼区間の
算出方法

n ＝有効回答数
p ＝内閣支持率

標本誤差

$$= \pm 1.96 \sqrt{\frac{p(1-p)}{n}}$$

上記の計算により、簡単に信頼区間が計算できます。

選挙番組の裏で活躍する推定

　上の表は、信頼度 95% としたときの内閣支持率の誤差の範囲。有効回答数が 2000 程度のニュース番組の調査であれば、支持率が 40% なら、37.6% ＜本当の支持率＜ 42.4% となります。複数回の調査で 2.4% 以上の差がなければ、本当の変

Section 2 3/5 推定

 選挙では、予想得票数の重なりが
なくなると「当確」を発表!

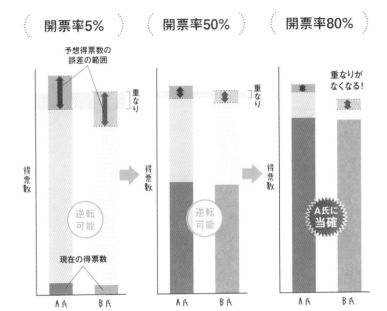

| 開票率5% | 開票率50% | 開票率80% |

予想得票数の
誤差の範囲

重なり

重なりが
なくなる!

得票数

逆転
可能

逆転
可能

A氏に
当確

現在の得票数

A氏　B氏　　　A氏　B氏　　　A氏　B氏

最初は予想得票
の範囲が重なる

始まったばかりのときは、
誤差の範囲も大きく、予
想の範囲が重なります。

徐々に予想得票数
が少なくなる

徐々に予想得票数の重
なりが減りますが、少しで
もあれば逆転可能。

逆転不可になった
ら当確を発表

予想得票数の重なりがな
くなると、逆転不可とさ
れ、当確が発表されます。

化はわからないのです。ちなみに、選挙のニュース速報で見
る、「当確」も信頼区間の範囲を利用しています。予想得票
数において、信頼区間以上の差がつく、つまり、統計学の推
定として逆転がなくなると、当確とされるのです。

判断を"統計的"にサポートしてくれる岡っ引きが検定

迷いだらけの人生に……

彼女は男友達が6人いて〜　まえは毎日違う男と会ってたんだけど〜　5日連続で同じ男に会ってる〜　浮気かな〜

サイコロで会う男を選んでたよ

1　主張とは反対の仮説を立てる

そ、それは偶然だ！

2　危険率を決める

確率が1%以下なら偶然ではない
↓
浮気とするけど、いいね？

OK〜

検定は、ある判断の際に客観的なヒントになる

　統計学でいう検定とは、ある仮説が「普通に起こりえる」のか、「まれ（普通は起きないといえるほどの小さな確率）なのか」を数値で判定し、客観的な判断の手助けにするも

の。独特な考え方が必要ですが、実際に行うのは❶仮説を立てる、❷「起こりえる」と「まれ」の判断の境となる危険率を決める、❸仮説の確率を計算、❹仮説を捨てるか、捨てないかの判断をするという流れになります。

手順 1

検定は、「棄却する」のが
ポイントなので
反対の仮説を立てる

検定の判断

	棄却する	棄却されない
効果あり	「効果があり」ではない（＝効果がない）	「効果があり」を否定できない（＝効果は不明）
効果なし	「効果がない」ではない（＝効果がある）	「効果がない」を否定できない（＝効果は不明）

主張したいのはココ！

右表のように、統計学の検定において、はっきりと答えを出すには仮説を棄却する必要があります。そのため、帰無仮説（きむかせつ）と呼ばれる、主張したいことと反対の仮説を立てる必要があるのです。

手順 2

検定も確率分布が前提であり、
「普通は起こらない」と思う
危険率を決める

危険率5%の場合

棄却されない
棄却する　　　　　　　　　　棄却する
2.5%　　　　95%　　　　2.5%

危険率は、「普通は起こらないことが起こった」と判定する基準。求めた確率が危険率以下ならまれなこととして棄却、危険率以上なら棄却されません。一般には1%や5%と設定。

少々ややこしい、独特な統計学の検定

　検定のポイントは、「主張したいこと」とは反対の仮説（帰無仮説）を立てること。検定では、判断の際に仮説を「棄却する」「棄却されない」といいますが、「棄却されない」は、"仮説を否定できない＝正しいかどうかわからない"という意味。

手順 3

検定したい事象が起こる確率を計算し、危険率と比較する

あとは、「組み合わせ（P45）」や「二項分布（P73）」などで登場した計算を使い、確率を計算します。検定は、専門用語が多いのでよく理解しておきましょう。

検定に頻出する専門用語

帰無仮説

"無に帰すこと"を予定している主張と反対の仮説。

棄却する

検定した仮説が、あやまっていたという判断のこと。

棄却されない

仮説があやまっていないという判断だが「正しい」ではないので注意。

統計学的な検定の流れ

①主張と反対の仮説を立てる

⬇

②危険率を決める

⬇

③事象の起こる確率を求める

⬇

④判断する

これが検定！次ページでは実際の計算を見てみよう

ですから、主張と反対の仮説を立て、「仮説を棄却する」→「仮説は正しくない」＝「仮説の反対が正しい」という論理で証明します。もう1つの要点が、「まれ」と判定する基準となる危険率。計算した確率が危険率以下なら仮説は棄却されます。

＼実際の検定の流れを見てみよう! ／
出目にかたよりのあるサイコロに
イカサマがあるのか "検定" してみる

ここでは実際に、検定が必要なケースの計算を
見てみましょう。検定の手順でサイコロにイカサマが
あるかどうかを判断をします。

> **例** サイコロを10回振ったところ、1の目が8回出た。
> このサイコロにイカサマがあるのか、検定によって確か
> めてみましょう。

① 「サイコロにイカサマはない」という仮定を立てる

「サイコロにイカサマがある」ことを証明したいので、反対の仮説を立てます。

② 危険率を1%と設定する

精密な検定をするために、今回は危険率を1％に設定します。

③ 組み合わせの式を使って確率の計算をする

二項分布で登場した計算（P73）により、確率を求めます。

サイコロで1の目がk回出る確率

$$ {}_{10}C_k \left(\frac{1}{6} \right)^k \left(\frac{5}{6} \right)^{10-k} $$

1の目が出る回数ごとの確率

1の目が出る回数	0	1	2	3	4	5	6	7	8	9	10
確率	約16.1%	約32.3%	約29.1%	約15.5%	約5.4%	約1.3%	約0.21%	約0.024%	約0.00186%	0%	0%

④ 危険率と比較して判断をする

今回の場合、イカサマがあると判断するには、1の目が8回以上出る確率を求める必要がある（8回はイカサマで、9回、10回はイカサマではないとはならない）ので、8、9、10回の確率を合計します。

（1の目が）

8回出る確率+9回出る確率+10回出る確率

=0.0019%

イカサマ
反対！

危険率1%よりも小さいので、
「サイコロにイカサマはない」
という仮説は棄却され、
サイコロにはイカサマがある！

検定 × 医療

実は大変な新薬の試験。
「薬に効果がある」or「効果はたまたま」を見極るには

統計の検定により、効果が試される新薬

　新薬が開発された際、効果を判断するのには、統計学の検定が活用されています。まずは、許可を得て投薬をする患者をグループ A とグループ B に分け、A には新薬を、B には効果のない偽薬を投与。2つの集団の結果を比較します。仮に、

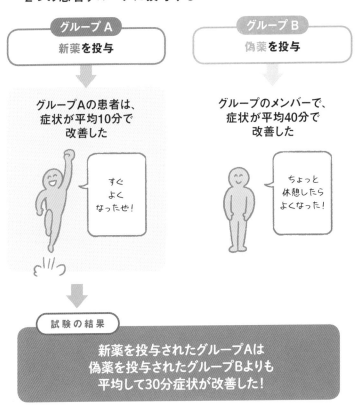

新薬の試験の基本的なフロー

① 新薬と偽薬を、ほぼ同じ条件である
　2つの患者グループに投与する

グループ A
新薬を投与

グループ B
偽薬を投与

グループAの患者は、
症状が平均10分で
改善した

すぐ
よく
なったぜ！

グループのメンバーで、
症状が平均40分で
改善した

ちょっと
休憩したら
よくなった！

試験の結果

新薬を投与されたグループAは
偽薬を投与されたグループBよりも
平均して30分症状が改善した！

Aのほうが B よりも 30 分効果が早く出ても、「効果がある」
とは即断しません。今回の差は偶然出たもので、新薬と偽薬
には差がない（つまり新薬には効果がない）という可能性を
考え、2つの仮説を立てます（次ページへ）。

93

② なぜ新薬の試験で30分の差が出たのか仮説を立てる

仮説
A. 新薬と偽薬で効果に差がある
B. 新薬と偽薬で効果に差はない

判断基準 5%以下とする

〈5%以下なら〉
仮説Bを棄却して、仮説Aを採択する

➡ 新薬は、偽薬に比べて即効性がある！

〈5%以上なら〉
仮説Bを棄却できないので、結論を出さない

➡ 新薬は、偽薬と差があるのかないのかわからない！

P90のように
今回証明したい「差がある」の
反対である「差がない」の
棄却を目指すんだ！

長い長い、新薬の実証実験

　仮説Aを新薬と偽薬で効果に差がある（新薬に効果がある）、仮説Bを今回の結果は偶然で、新薬と偽薬で効果に差がない（新薬に効果がない）として考えます。統計学の検定としては、仮説Bを棄却し、仮説Aを採択できれば、新薬

③ 仮説Bと仮定し、2つの薬で
　「症状が改善するまでの時間の差」の確率分布を計算し、
　30分の差が起きる確率を調べる

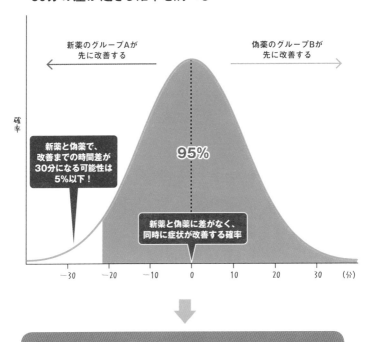

新薬と偽薬で差がないとした仮定では、
改善までの時間差が30分になる可能性は5%以下。
よって仮説Bは棄却され、仮説Aが採択！

の効果を証明できます。今回は、危険度を5%としますが、
新薬のなかには1%とすることもあるそうです。結果が上の
ヒストグラムになったとすると、時間差が30分以下になる
可能性が5%、ようやく新薬の効果が証明されるのです。

相関は、「あれ」と「これ」の関係性を見つけ出す名探偵

異なるデータの関係とは!?

わたくしは、ものごとの裏の関係性を見抜けます

サッカーより野球をやっている人のほうが身長が高い

相関

マーケティングの分野で役立つ相関

　Ａの量が変化すると、何らかの因果関係によってＢの量も変化する関係を「ＡとＢは相関がある」といいます。成人男子の「身長」と「体重」は、当然、身長が高いと体重

は重くなるので相関があります。マーケティングの分野で有名な相関が、スーパーの「ビール」と「おむつ」。スーパーでオムツを買う人は、ビールも買う傾向があり、並べて陳列すると売上が上昇したという結果もあるのです。

相関では異なる"2つの結果"を散布図で考える

これまでのグラフは縦軸が結果、横軸が変化させた量でしたが、散布図は縦軸・横軸ともに結果。1つ1つの要素を、縦軸と横軸の交点にマークします。

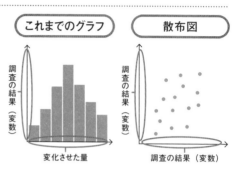

特徴 2
2つの量の相関の強さを表現するのが相関係数

相関の強さを、＋1〜−1の間の数値で表す相関係数。＋だと、片方が増えるのに従い、もう一方も増える正の相関、−だと、片方が増えると、もう一方が減る負の相関です。

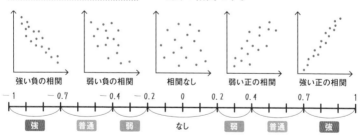

相関のポイントは散布図と相関係数、それに疑似相関

　相関を見つけるには、散布図（P28）から関係をみつける方法や、「相関係数」を計算する方法があります。相関係数とは、相関の強さを表す数値で、0ならなし、±1に近いほど相関が強いことを意味します。注意点は、相関しているよ

特徴 3

相関には、落とし穴が多いので要注意!

① 相関図を描くことは
　重要なポイント

相関係数は高くても相関
がなかったり、0でも何ら
かの関係があるケースも
存在するため、相関係
数と散布図の両方が重
要です。

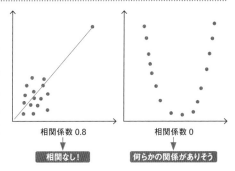

相関係数 0.8

相関なし!

相関係数 0

何らかの関係がありそう

② グラフの大きさを適切に
　しないと見えてこないことも

相関図は範囲を適切にしないと
わからないこないことも。下は、
❸では相関はなさそうですが、
❹にすると相関がありそうです。

③ 一見相関してそうな
　疑似相関にはだまされないで!

2つの量が相関に見えても、別
の要素と相関しており、2つに因
果関係がないのが疑似相関。
見せかけの相関に注意。

❸　❹

ここだけでは
相関が不明!

本屋
の数

相関

因果
関係
なし

人口

別の要素と
相関している
だけ!

銀行
の数

相関

うで、因果関係のない場合。例えば、街の本屋と銀行の数は、
本屋が多いと銀行も多いはず。しかし、これは人口に応じて
増えているだけで因果関係はありません(疑似相関)。相関は、
別の要素が関係していないかを考える必要があるのです。

＼ 計算はちょっと大変 ／
2つの量の変化の関係を示す
相関係数の求め方

相関係数の求め方を紹介します。
実際にあるクラスの英語と数学のテストの結果に
どのような相関があるかを見てみましょう。

上記の相関図では、相関係数は以下で表現される。

相関係数

$$= \frac{\Sigma (X_i - \bar{X})(Y_i - \bar{Y})}{\sqrt{\Sigma (X_i - X)^2 \cdot \Sigma (Y_i - Y)^2}}$$

ただし

$$\bar{X} = \frac{X_1 + X_2 + \cdots + X_n}{n} = \frac{\Sigma X_i}{n} \qquad \bar{Y} = \frac{Y_1 + Y_2 + \cdots + Y_n}{n} = \frac{\Sigma Y_i}{n}$$

例 数学と英語のテストをした結果、右のような結果になった。英語と数学のテストの相関係数は？

	数学の点数	英語の点数		数学の点数	英語の点数
A君	65	25	H君	59	58
B君	27	96	I君	45	74
C君	80	36	J君	70	60
D君	35	75	K君	42	88
E君	53	92	L君	55	53
F君	90	40	M君	70	46
G君	47	95	N君	60	72

数学の平均点は 57 点、英語の平均点は 65 点。

相関係数

$$= \frac{(65-57)(25-65)+(27-57)(96-65)+\cdots+(60-57)(72-65)}{\sqrt{\{(65-57)^2+(27-57)^2+\cdots\}\times\{(25-65)^2+(96-65)^2+\cdots\}}}$$

$$= -\frac{4104}{\sqrt{3906\times6994}} = -\frac{4104}{\sqrt{5226}} = -0.78$$

ちなみに相関図を書くと

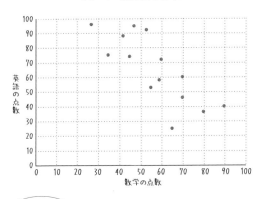

つまり、
どちらかが
得意な人は、
どちらかが苦手

英語と数学のテストには、強い負の相関がある!

相関 × 不動産

「広さ」「築年数」「駅からの距離」のうち 家賃にもっとも影響があるのは……
（普遍性はありません）

家賃って
どうやって
決めてるん
だろう……

統計不動産

実際、家賃は何との相関が強いのか!?

「広さ」「築年数」「駅からの距離」など、複数の要素で決ま
る賃貸住宅の家賃。ここでは、この３つのなかで、どれがもっ
とも賃料と強い相関があるのかを調べてみます。ある駅周辺
の賃貸住宅について、間取りや設備、階数の３つ以外はおお

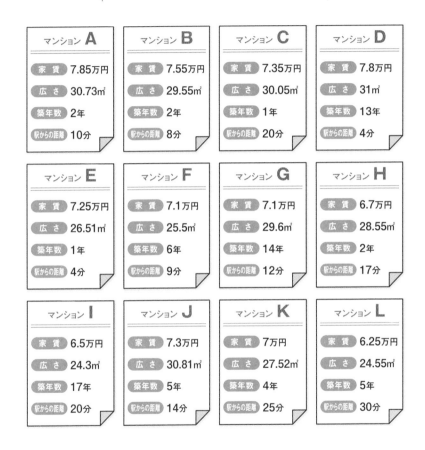

ある駅の家賃6〜9万円1K、
ほぼ同条件の入居者募集の張り紙

マンション A	
家 賃	7.85万円
広 さ	30.73㎡
築年数	2年
駅からの距離	10分

マンション B	
家 賃	7.55万円
広 さ	29.55㎡
築年数	2年
駅からの距離	8分

マンション C	
家 賃	7.35万円
広 さ	30.05㎡
築年数	1年
駅からの距離	20分

マンション D	
家 賃	7.8万円
広 さ	31㎡
築年数	13年
駅からの距離	4分

マンション E	
家 賃	7.25万円
広 さ	26.51㎡
築年数	1年
駅からの距離	4分

マンション F	
家 賃	7.1万円
広 さ	25.5㎡
築年数	6年
駅からの距離	9分

マンション G	
家 賃	7.1万円
広 さ	29.6㎡
築年数	14年
駅からの距離	12分

マンション H	
家 賃	6.7万円
広 さ	28.55㎡
築年数	2年
駅からの距離	17分

マンション I	
家 賃	6.5万円
広 さ	24.3㎡
築年数	17年
駅からの距離	20分

マンション J	
家 賃	7.3万円
広 さ	30.81㎡
築年数	5年
駅からの距離	14分

マンション K	
家 賃	7万円
広 さ	27.52㎡
築年数	4年
駅からの距離	25分

マンション L	
家 賃	6.25万円
広 さ	24.55㎡
築年数	5年
駅からの距離	30分

むね近い賃貸住宅を調べました。ただし、精密な調査をした
わけではないので普遍性はありません。そして、調査の結果
が上の表。次ページで、どの要素がもっとも強い相関がある
か、調べてみます。

家賃と広さ・築年数・駅からの距離の散布図

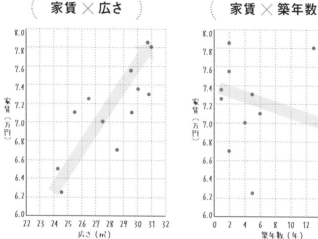

家賃 × 広さ

家賃 × 築年数

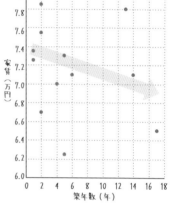

広さ × 家賃

相関係数

$$= \frac{(7.85-7.14)(30.73-28.22)+\cdots}{\sqrt{\{(7.85-7.14)^2+(7.55-7.14)^2+\cdots}}}$$

$= 0.79$

強い正
の相関!

家賃 × 築年数

相関係数

$$= \frac{(7.85-7.14)(2-6)+\cdots}{\sqrt{\{(7.85-7.14)^2+(7.55-7.14)^2+\cdots}}}$$

$= -0.20$

弱い負
の相関!

今回の調査では、家賃と強い相関があるのは、「広さ」!

　散布図を見ると、おおよその相関がわかります。「広さ」は、広いほど家賃も高く、強い正の相関がありそう。「築年数」は、家賃がばらついており、よくわかりません。「駅からの距離」は時間がかかるほど家賃が低く、負の相関が見られます。続

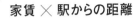

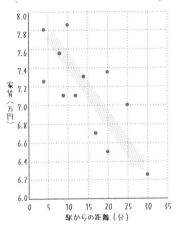

家賃 × 駅からの距離

相関係数

$$= \frac{(7.85 - 7.14)(10 - 14.41) + \cdots}{\sqrt{\{(7.85 - 7.14)^2 + (7.55 - 7.14)^2 + \cdots}}$$

$$= -0.73$$

強い負の相関！

散布図にすると、関係がわかりやすいね！

調査からわかったこと

- 家賃と「広さ」は、かなり強い正の相関がある。
- 家賃と「駅からの距離」は、強い負の相関がある。
- 家賃と「築年数」は、弱い負の相関。

いて、相関係数を計算します。相関係数は「広さ」が 0.79、「築年数」が -0.20、「駅からの距離」が -0.73。「広さと」「駅からの距離」は散布図通りですが、今回の調査では「築年数」は弱い負の相関があるようです。

105

相関 × **製造**

いくつかの要素を計測しておけば、**ワインの価格**は予測できる!

ワインの値段を決める要素って……

　家賃の次は、ワインの価格について考えます。ワインの原料となるぶどうは、気温や降水量、日照時間などによって品質が決まり、栽培中の気候が大きく価格に影響します。具体的に影響する要素としては「休眠期の雨量」「成熟期の雨量」

ここで突然
ワイン講座

ワインの価格を決める4つの要素

① 休眠期の雨量

ワインに使うぶどうの最適な年間降水量は 500 〜 900mm 程度（東京は約 1500mm）と、少なめ。ただし、②のように成熟期は少ないほうがよく、休眠期の雨は多いほどよいといわれています。

② 成熟期の雨量

実は、ワイン用のぶどうは雨が多いと、果実の生育に影響が出てしまいます。特に成熟期では適度な水分ストレス（乾燥した状態）が必要で、成熟期の雨量でぶどうの品質が変わります。

ワインの原料になる
ぶどうの1年

ワイン用のぶどうの 1 年間のサイクル。主に 4 〜 10 月に栽培が行われます。

1月	2月	3月	4月	5月	6月	7月	8月	9月	10月	11月	12月
休眠		萌芽		開花		果実の熟成			収穫		休眠

③ 発育中の気温

ワインとなるぶどうの品種は比較的冷涼な 10℃〜 16℃くらいの気温が最適とされています。東京だと 4 月や 11 月の平均気温くらい。

④ 熟成期間

熟成用のワインは、白ワインで 15 〜 25 年程度、赤ワインで 15 〜 30 年程度が飲み頃。なかには 100 年以上熟成させるものも。

「発育中の気温」。これらは深く関係し、価格と相関があります。もうひとつ、価格に影響するのが「熟成期間」。長い年月を経たワインは、味に深みが出るのに加え、希少価値も出るので値段が上がります。

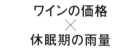

ワインの価格と各要素の相関図

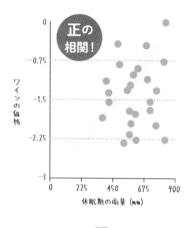

ワインの価格
×
休眠期の雨量

正の
相関！

ワインの価格

休眠期の雨量 (mm)

収穫前年の休眠期は
多雨が正解

休眠期の10〜3月は多雨のほうが
価格は高くなります。少雨に適した
ぶどうですが、休眠期に雨は必要。

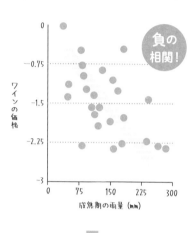

ワインの価格
×
成熟期の雨量

負の
相関！

ワインの価格

成熟期の雨量 (mm)

果実の成熟期は
少雨で味を凝縮

8〜9月の成熟期は、雨が増える
ほど、価格は下がります。理由は
P107の②を確認。

4つの要素を見れば、ワインの値段が予想できる

　P106 〜 107で紹介したワインの価格に関わる4つの要素
を発見したのは、アメリカの経済学者。1980年代、無類の
ワイン好きだった彼は、ワインの価格を予想するため、ワイ
ンに関するさまざまな要素と価格を分析し、相関があったの

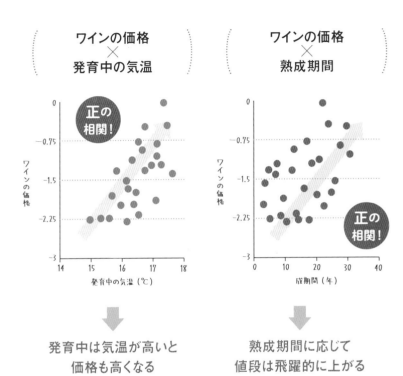

ワインの価格 × 発育中の気温

正の相関！

ワインの価格
発育中の気温（℃）

ワインの価格 × 熟成期間

正の相関！

ワインの価格
成熟期間（年）

発育中は気温が高いと
価格も高くなる

ぶどうがぐんぐん成長する4〜9月は、平均気温が高いほうが値段が高くなります。

熟成期間に応じて
値段は飛躍的に上がる

熟成年はワインの価格のわかりやすい指標。なかには 5000 万円を超えるものも存在します。

....

が、この４つだったのです。上は、４つの要素と価格の相関図。はっきりとわかりにくいかもしれませんが、「休眠期の雨量」「発育中の気温」「熟成期間」には正の相関、「成熟期の雨量」には負の相関があったのです。

データが不十分でも主観でも OK!? 不思議なベイズ統計学

ベイズ統計学は、いわゆる統計学と大きく違う

　統計学のなかで、ベイズ統計学はかなり特殊な考え方をします。本書では、統計学はデータありきの学問だということを紹介してきましたが、ベイズ統計学は、なんとデータが不十分でも何とかなる、統計らしくない統計学なのです。また、基本的に数値をデータとして扱うのが統計学ですが、ベイズ統計学は、"人間の主観的な予想"もデータとして扱うため、数学らしくない統計学でもあるのです。ですから、ベイズ統計学が生まれた当時、伝統的な統計学の研究者からは「厳密さを欠く」などと非難を浴びてきた歴史があるのです。しかし、現在では、特にコンピュータの分野などで実際に活用されています。

とりあえず確率を設定し、更新していく

　ベイズ統計学の基本的な考え方を見てみましょう。例えば、「電車で隣に座った私服男性が、東京出身である可能性は?」という問題があった場合、当然わからないでしょうし、40%という人もいれば、10%という人もいるでしょう。そこで、とりあえず50%と設定し、隣の人を観察してみましょう。よく見ると垢抜けたファッションをしているので70%と考え直します。さらによくみていると、カバンから東京のガイドブックを取り出したので10%と、また考え直します。

このあとも、よく観察し、これを繰り返して更新していけば、これまでの統計学とは随分異なりますが、高い確率で東京出身かどうかを推定できるはずです。これがベイズ統計学の進め方のイメージ。最初に "とりあえず" 50％と設定したのも、あとから情報を追加することで、徐々に正確になっていくので、最初は "とりあえず" でも大きな問題ではないのです。

　先述したように、ベイズ統計学では、ほかに根拠となるデータがなければ（先の例では、自分が乗った駅の場所や時間帯などデータになることはありそうですが）、消極的にではありますが、主観的な予想をデータとして認めてもよいという「理由不十分の原則」があり、こうした考え方が可能になっています。

ベイズ統計学の数学的な理論

　前の例はイメージですので、もう少し数学的に見ると、ベイズ統計学の基本理論であるベイズの定理は以下で表されます。

$$P(A|B) = \frac{P(B|A)P(A)}{P(B)}$$

P(A|B)：事象Bが起こった状況下で事象Aが起こる確率
P(A)：事象Aが起こる確率
P(B)：事象Bが起こる確率
P(B|A)：事象Aが起こった状況下で事象Bが起こる確率

　何がなんだかわかりませんので、もう少しわかりやすくすると以下のようになります。

$$\frac{\text{B が起きたときに}}{\text{A が起きる確率}} = \frac{\dfrac{\text{A が起きたときに}}{\text{B が起きる確率}} \times \text{A が起きる確率}}{\text{B が起きる確率}}$$

ＡとＢは別の現象であり、Ｂを原因や仮定、Ａを結果として あてはめることが多いようです。まだ難しいと思いますので、ベ イズ統計学が実際に活用されている、"迷惑メールの判定"を 考えてみます。

　メールの文面や件名に、「無料」「請求」「出会い」などの文 字があると、迷惑メールである確率が高いことはイメージがつ くでしょう。ここで、先ほどのベイズ統計学の計算式と、これ までに受信したメールを使えば、例えば「無料」という単語が あるとき、迷惑メールである確率を算出できるのです。

$$\text{「無料」が含まれるときに迷惑メールである確率} = \frac{\text{迷惑メールに「無料」が含まれる確率} \times \text{（メールボックスのなかで）迷惑メールの確率}}{\text{（メールボックスのなかで）「無料」が含まれる確率}}$$

ベイズ統計学は、将来的に大きな可能性が!

　ここまでベイズ統計学を見て、新たな情報が追加されると更 新（ベイズ更新といいます）されていくという考え方は、人間が 学習する感覚に似ており、人間的な統計学といわれることもあ ります。といわれると、気づく人もいるかと思いますが、人間の 知能を模したＡＩや特に機械学習、ディープラーニング（P140） とベイズ統計学は非常に相性がよく、ＡＩに応用しやすい統計学 の手法なのです。

　本書では大筋の紹介をしただけですが、統計学に興味が出 てきた人は、今後、さらに重要度が増す可能性のあるベイズ統 計学を学んでみてはいかがでしょうか?

Section
3

実際にデータを取って解析

統計学
やってみました

この章では、実際にインターネットで
アンケートを取り、ここまでに登場した統計学の
解析に取り組んでみます。
簡単なアンケートですので、普遍性はありませんが、
意外な事実が見えてきました。

集計、表とグラフを作成

解析の第一歩として、データを集計して
表をつくり、グラフ化

サクッとわかる統計学アンケート

Q1 あなたの自宅から勤務先までの通勤時間はどのくらいですか?

1.0分（自宅） 2.10分未満 3.10〜29分 4.30〜59分 5.60〜89分 6.90〜119分
7.120〜149分 8.150分以上

Q2 あなたが勤務先に持っていくカバンの中身を含む平均的な重さはどのくらいですか?

1.1000g未満 2.1000〜1499g 3.1500〜1999g 4.2000〜2499g 5.2500〜2999g
6.3000〜3499g 7.3500〜3999g 8.4000〜4499g 9.4500〜4999g 10.5000g以上
11.わからない

Q3 あなたが出勤する日のランチの平均的な価格はいくらくらいですか?

1.0円（持参or食べない） 2.〜200円未満 3.200〜399円 4.400〜599円
5.600〜799円 6.800〜999円 7.1000〜1199円 8.1200〜1399円
9.1400〜1599円 10.1600〜1799円 11.1800〜1999円 12.2000円以上

Q4 あなたの1カ月の平均的な雑誌・漫画含む読書量はどのくらいですか?

1.0冊 2.3冊未満 3.3〜5冊 4.6〜8冊 5.9〜11冊
6.12〜14冊 7.15〜17冊 8.18冊以上

Q5 あなたが自覚している、自分の体型にもっとも近いものをお選びください。

1.かなり痩せ 2.痩せ 3.やや痩せ 4.普通 5.やや肥満
6.肥満 7.かなり肥満

Q6 あなたの「社内での成績・評価」について、あなたご自身の自覚（感覚）にもっとも近いものをお選びください。

1.かなりよい 2.よい 3.ややよい 4.普通 5.やや悪い
6.悪い 7.かなり悪い

〈アンケートの概要〉

対象
● 男性100名、女性100名の合計200名
● 全国からランダムに集計

基本的な属性
● 20歳以上の社会人

取得方法
インターネットでアンケートを実施

まずは、データを表とグラフにしてみる

インターネットで上記のような主に仕事に関係するアンケートを実施。データ数は200と少なめですから普遍性はありませんが、今回は「統計学をやってみること」が目的です。まずはデータを表とグラフにしてみます。

アンケートを表、グラフ化

Q1

あなたの自宅から勤務先までの通勤時間は
どのくらいですか?

所要時間（分）	人数（人）
0	5
10未満	12
10〜29	46
30〜59	94
60〜89	35
90〜119	4
120〜149	4
150以上	0

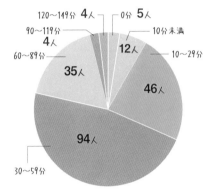

30〜1時間程度がおよそ半分を占めた。1時間
以上は約20%と、意外と少ない様子。

Q2

あなたが勤務先に持っていくカバンの
中身を含む平均的な重さはどのくらいですか?

重さ（g）	人数（人）
1000未満	44
1000〜1499	44
1500〜1999	32
2000〜2499	21
2500〜2999	9
3000〜3499	9
3500〜3999	3
4000〜4499	3
4500〜4999	0
5000以上	2

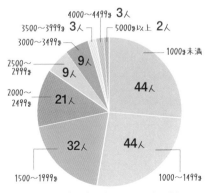

1500g以内が多いが、5000g以上の人も。こ
の質問は、不明という答えがあり、答えは167個。

115

Q3

あなたが出勤する日のランチの平均的な価格はいくらくらいですか?

値段（円）	人数（人）
0	60
～200未満	12
200～399	28
400～599	44
600～799	25
800～999	20
1000～1199円	6
1200～1399円	3
1400～1599円	1
1600～1799円	0
1800～1999円	0
2000以上	1

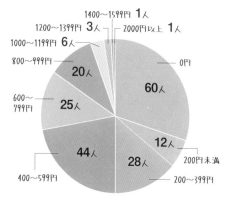

食べないorお弁当で、0円の人が約30%も! 200円未満の人はいったい何を食べているのか……。

Q4

あなたの1カ月の平均的な雑誌・漫画含む読書量はどのくらいですか?

冊数	人数（人）
0	64
3未満	82
3～5	24
6～8	9
9～11	9
12～14	3
15～17	2
18以上	7

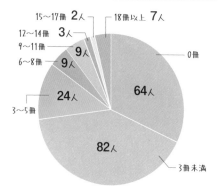

4人に1人は雑誌や漫画すらまったく読まないという結果に。本離れが進行している模様。

Q5

あなたが自覚している、自分の体型にもっとも近いもの
をお選びください。

自覚体型	人数(人)
かなり痩せ	5
痩せ	19
やや痩せ	25
普通	84
やや肥満	49
肥満	15
かなり肥満	3

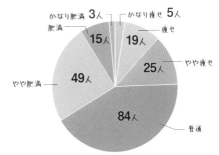

「普通」と答えた人が約40%と、なんとも日本人
らしい結果に。

Q6

あなたの「社内での成績・評価」について、あなたご自身
の自覚(感覚)にもっとも近いものをお選びください。

自覚評価	人数(人)
かなりよい	1
よい	33
ややよい	26
普通	118
やや悪い	12
悪い	9
かなり悪い	1

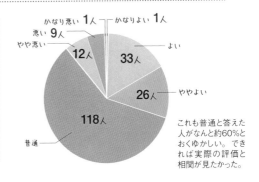

これも普通と答えた
人がなんと約60%と
おくゆかしい。でき
れば実際の評価と
相関が見たかった。

解析の結果

表にするだけで、なんとなく各要素のばらつき具合がわかり、グラフにす
ると、よりはっきりとわかる。

当たり前だが、円グラフにしただけでは、各要素がどのくらいの割合な
のかしかわからなかった。

データの分布を確認
正規分布に近いものはあるか!?
データからヒストグラムをつくる

これはかなりきれいな
正規分布といえる
のではないか!

Q1
あなたの自宅から、勤務先までの
通勤時間はどのくらいですか?

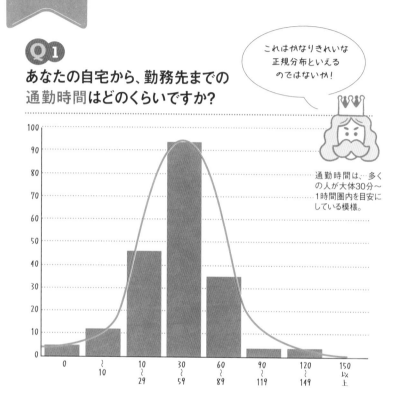

通勤時間は、多く
の人が大体30分〜
1時間圏内を目安に
している模様。

ヒストグラムにすると、いろいろなことが判明!

　表とグラフに続き、今度はデータをヒストグラムにしてみ
ましょう。本書に登場した理論の多くは、左右対象のひと山
である正規分布であることが前提なので、この形にならない
と正しい解析ができません。

あなたが勤務先に
持っていくカバンの
中身を含む平均的な
重さはどのくらいですか?

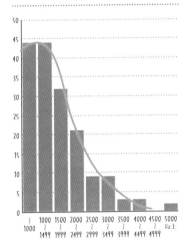

カバンの重さに目安はないため、重くなるほど少なくなるという面白みのない結果に。

あなたが
出勤する日のランチの
平均的な価格は
いくらくらいですか?

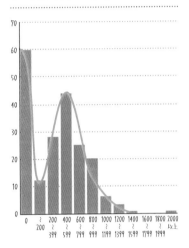

ランチの値段はかなり差があるよう。2000円が平均の人もおり、格差社会が垣間見れる……。

う〜む……
このあたりは、
正規分布では
なさそう……

　　実際にヒストグラムを描いたところ、上記の結果に。「通勤時間」はかなりきれいな正規分布に。しかし、「カバンの重さ」は、データ数の少ない二項分布のような形に、「ランチの値段」はふた山になってしまいました。

119

Q4
あなたの1カ月の平均的な
雑誌・漫画含む
読書量は
どのくらいですか?

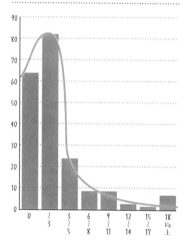

| | | | | | | |
| 0 | 〜3 | 3〜5 | 6〜8 | 9〜11 | 12〜14 | 15〜17 | 18以上 |

3冊未満に答えが集中し徐々に減少していく結果に。

Q5
あなたが自覚している、
自分の体型に
もっとも近いものを
お選びください。

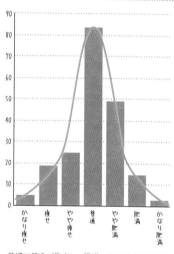

かなり痩せ　痩せ　やや痩せ　普通　やや肥満　肥満　かなり肥満

普通に答えが集中し、肥満、やせがだんだん減っていくきれいな正規分布になりました。

ヒストグラムにすると
いろいろなことが
わかるんじゃな

大体の目安の数値があるものは正規分布になる!?

　残りの「読書量」「自覚体型」「自覚評価」のヒストグラム
も見てみましょう。読書量は3冊未満に答えが集中し、徐々
に減っていく形に。普通と答える人が多い「自覚体型」は、「通
勤時間」と同じようにきれいな正規分布の形になりました。

あなたの「社内での成績・評価」について、あなたご自身の自覚（感覚）にもっとも近いものをお選びください。

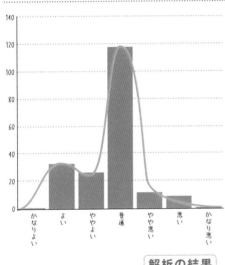

正規分布に近いが、左右対称ではない……

普通に答えが集中したのは想像通りだが、次に多いのはよいで、若干のふた山に。

|解析の結果|

ヒストグラムにすると「格差社会っぽい」など、意外なことがわかった。

すべてではないが、「普通」、もしくはおおよその目安があるデータは、正規分布になりやすいよう。

ただ、こちらも普通という答えがある「自覚評価」ですが、「自覚体型」と同じく、普通に答えが集中した一方で「よい」のほうが多く、左右対象にはなりませんでした。優秀な人が多いのか……それとも!?

正規分布を解析
正規分布に近い形のデータを詳しくみてみる

通勤時間のヒストグラム

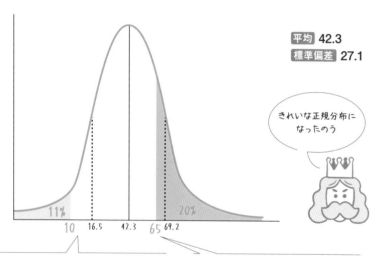

平均 **42.3**
標準偏差 **27.1**

きれいな正規分布に
なったのう

11%

20%

10　16.5　42.3　65　69.2

通勤時間の数値から、
全体の位置を調べる

通勤時間が 10 分は、通勤時間が少
ないほうの 11%。

上位20%の通勤時間が
すぐにわかる

通勤時間の上位 20% は、65 分程
度ということがわかります。

正規分布には、情報がつまっていた！

　ここでは、前の節で調べた結果、正規分布と近い形になっ
た「通勤時間」「自覚体型」のデータを詳しくみてみましょう。
まず通勤時間に関していえば、これを標準正規分布にして正
規分布表を使うと、通勤時間が長くかかるほうの上位 20% は、

自覚体型のヒストグラム

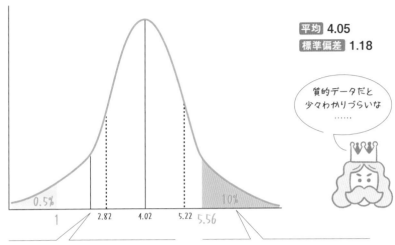

平均 4.05
標準偏差 1.18

質的データだと
少々わかりづらいな
……

0.5%
1 2.82 4.02 5.22 5.56
10%

かなり痩せの人は下位
数値だとわかりずらいが、1（かなり痩せ）の人は下位 0.5%。

上位10%の答えは肥満気味!?
上位 10 パーセントの数値は 5.56。「やや肥満〜肥満」といったところだろうか。

解析の結果

正規分布とわかるだけで、その数字が全体のどのあたりに位置するかがすぐにわかるので非常に便利。

ただし、標準正規分布にしたり、正規分布表を調べたりするのは、少々手間がかかります。

およそ 65 分ということがわかります。また、例えば通勤時間が 10 分は、通勤時間がかからないほう、つまり下位のおよそ 11% くらいの位置にいることになります。正規分布とみなすと、自覚体型も同様な解析が可能です。

Section 3

4

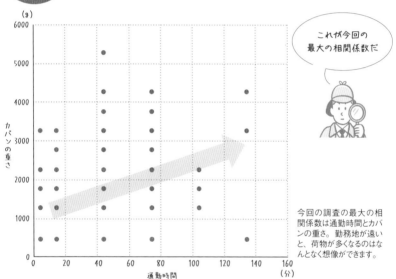

相関係数、散布図で
意外な大発見が浮かび上がった!?
データ同士の相関を解析

相関の強さ

第**1**位
相関係数
0.28

通勤時間 × カバンの重さ

これが今回の
最大の相関係数だ

今回の調査の最大の相関係数は通勤時間とカバンの重さ。勤務地が遠いと、荷物が多くなるのはなんとなく想像ができます。

選択式にしたせいで、あまりよくわからない結果に……

　最後は、各データの相関を見てみます。今回は数値を記入してもらうのではなく、選択式にしたため点の場所が限定される相関に。相関係数は1にはまったく近づかず、最大でも0.28と、若干物足りない結果に。

ランチの値段 × 自覚体型

相関の強さ
第2位
相関係数
−0.16

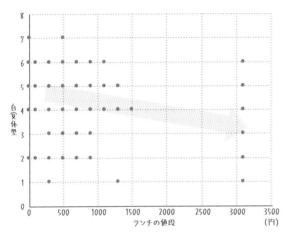

イメージと逆の
結果になったな

自覚体型とランチの値段
は負の相関。体重が
重くなるほど、ランチの値
段は安くなるのか!?

カバンの重さ × 平均読書量

相関の強さ
第3位
相関係数
0.13

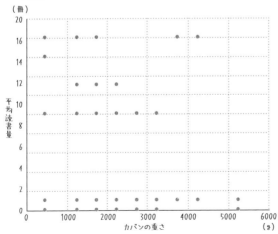

電車などで通勤する場合
は、その時間に読書をす
る人が多そうなのは、イ
メージ通り。

125

相関の強さ 第4位 相関係数 0.12

(自覚体型) × (自覚評価)

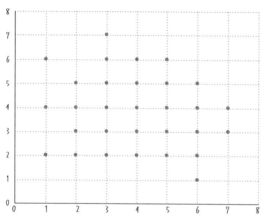

かなり相関係数は小さいが、一応、自己管理ができている人のほうが、自覚ではあるが評価も高いということがわかりました。

相関の強さ 第5位 相関係数 −0.11

(カバンの重さ) × (自覚評価)

カバンが軽いほうが自覚する評価は高い!?

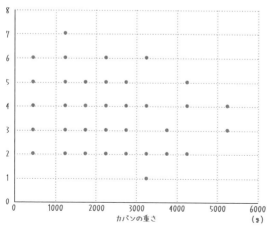

カバンの重さ (g)

不思議な結果だが、カバンは軽いほうが自覚評価は高いという結果に。できる人は荷物も最小限!?

その他の相関係数

順位	内容	相関係数
6	ランチの値段 × 自覚評価	−0.1
7	カバンの重さ × 自覚体型	−0.08
8	通勤時間 × ランチの値段	−0.07
9	通勤時間 × 自覚体型	−0.06
10	平均読書量 × 自覚評価	−0.059
11	通勤時間 × 平均読書量	−0.053
12	ランチの値段 × 平均読書量	−0.04
13	平均読書量 × 自覚体型	0.03
14	通勤時間 × 自覚評価	−0.007
15	カバンの重さ × ランチの値段	−0.005

相関がない、というのも重要な情報になるな

かなり相関係数が小さいデータたち。今回の調査では、意外と自覚評価と読書量にはあまり関係がない模様。

解析の結果

選択式のアンケートは、点が決まった場所になるため、相関図にはあまり向かないようです。

今回の調査では、全体的に相関は弱い結果に。強い相関があるものは、簡単には見つからなそう。

相関を調べるのは面白みがあり、相関があるのはもちろん、「ありそうなのにない」というのも情報になりました。

4

ITの未来を大きく変える!? 量子コンピュータの可能性

量子コンピュータと従来のコンピュータの違い

　本書では、最先端のITとしてビッグデータ解析やAI、ブロックチェーンを取り上げていますが、量子コンピュータも現在研究が進む最注目の分野です。実現すれば、AIやビッグデータ解析が飛躍的に進歩する可能性がある、量子コンピュータについて紹介します。

　量子コンピュータと従来のコンピュータ（量子コンピュータと対比して古典コンピュータと呼ばれます）の基本的な違いは、"情報の単位"。「ビット」と呼ばれますが、古典コンピュータは、0と1で表現され、常に0か1の"どちらか"の状態しか取ることができません。コンピュータにあまり詳しくない人でも、「コンピュータの情報は、すべて0と1の組み合わせでできている」という話を聞いたことがあるでしょう。あれが古典コンピュータの情報の単位です。

量子コンピュータのキモ "重ね合わせ" とは

　一方、量子コンピュータでは、この情報の単位に量子力学の「重ね合わせの原理」を利用します。すると、0と1を重ね合わせた状態で扱うことができ、0と1の"どちらの"状態も同時に取ることができるのです。この量子コンピュータの情報の単位は量子ビットと呼ばれます。"重ね合わせ"という考え方は少し

難しいですが、"回転中のコイン"をイメージしてください。回転が止まって倒れ、表と裏が決まった状態ではなく、コインが回っており、まだ表が出るか裏が出るかわからない状態が重ね合わせのイメージです。このように、観察するまではどちらかがわからない状態を重ね合わせと呼ぶのです。

　重ね合わせの状態を使うことで、n個の量子ビットは2^n個の状態を同時に表現することができます。古典コンピュータなら膨大な計算ステップが必要な処理でも、量子コンピュータなら重ね合わせを利用することで一度の計算ステップで行うことができ、飛躍的に速い処理が可能になるのです。

「スーパーコンピュータもできないこと」ができる

　また、古典コンピュータ、なかでももっとも優れた性能をもつスーパーコンピュータに比べ、量子コンピュータの優れた点として、電力の問題があります。例え話ですが、量子コンピュータで行う複雑な計算でも、スーパーコンピュータを何台もつなげれば、可能なのではと思うかもしません。しかし、現実にそれは不可能なのです。というのもスーパーコンピュータには、莫大な電力が必要であり、何台もつなげて動作させるには、多くの発電所が必要であり、そんなことは現実的にできません。ですから、スーパーコンピュータでは不可能な計算を、量子コンピュータなら、はるかに小さな電力で行うことが可能なのです。

量子コンピュータにも得意と苦手が

　とはいえ、よく勘違いされていますが、量子コンピュータは、古典コンピュータのすべての機能が飛躍的に上がった万能のも

のではなく、特定の分野で優れた処理能力を発揮するマシンです。基本的には、"膨大な組み合わせのなかから、確率的に正しいと思われる答えを導ければOK" という場面では有効ですが、"厳密に計算して処理を行う" という場面にはあまり向いていないのでは、といわれています。具体的には、渋滞の解消に向けた経路探索や、人体に薬として働く分子を選ぶ創薬、また機械学習などの分野では有効と考えられています。実際に、自動車業界では、すでに渋滞を回避するために、自動車に量子コンピュータを搭載する研究が行われているそうです。

開発が進む、量子コンピュータ

現在、量子コンピュータという言葉は、実際のマシン自体であるハードウェアと、マシンで動くソフトウェアである"量子アルゴリズム" の両方を指します。1994年頃から研究が始まった量子アルゴリズムは開発が進んでおり、すでにいくつものアルゴリズムが存在しています。

一方で、まだ開発中なのが量子コンピュータのハードウェアのほう。ハードは大きく分けると、ほとんどの計算が可能な汎用型と、特定の計算のみに特化した特化型があり、研究が進んでいるのが特化型の量子コンピュータです。実用化されるのもそう遠くないとされており、2019年にGoogleが開発したとニュースになったのも、特定の計算を行う量子コンピュータです。汎用型の量子コンピュータはまだまだ開発途中であり、実現するまでには時間がかかるとされています。

時代をリードする技術と関わる

最先端の IT と統計学

「AI」「ビッグデータ解析」「ブロックチェーン」
という３つの最先端の IT と、
統計学の関わりを見てみましょう。
今後、ビジネスにおいて
統計学がいかに重要になるかが
わかるはずです。

1

もはや統計学は必須のリテラシー!?
最新の IT と統計学の
切り離せない深い関係

最先端の IT 研究では欠かせない統計学

ここ数年で注目を集めるようになった統計学。急激に重要度が増した理由の1つは、IT の発達により「膨大な量のデータ取得」や「統計学の複雑な計算」が簡単に行えるようになったこと。IT と統計学を活用することで、マーケティングや商品開発などに大きな成果をもたらしたのです。

数学の分野として古くから存在する統計学ですが、最先端の IT となじみが深く、IT 研究には欠かせない領域の1つといえます。

ビッグデータ解析とは

最先端の IT 分野としては、ビッグデータ解析や AI、ブロックチェーンなどがあります。

ビッグデータは、動画、画像、SNS の更新履歴など、さまざまな形式、かつリアルタイムで増える、巨大なデータ群のこと。インターネットの普及や、あらゆることをデータ化できるようになり、この言葉が広がって行きました。そして、このビッグデータから、ビジネスなどで有用な情報を導き出すのがビッグデータ解析です（詳しくは P136）。この解析には統計学の理論が活用されています。

＼ 統計学と、なじみの深い最先端 IT ／

ビッグデータ

リアルタイムで増え続け、さまざまな形式である、有益で巨大なデータ。

統計学

インターネットの普及などで、簡単にデータが取得できる時代になり、重要度が大きくなりました。

AI（人工知能）

現在、ビジネスなどでは、非常に幅広い範囲で活用が進んでいる技術。

ブロックチェーン

実は IT においては、インターネット以来の革命といわれるほど、大きな可能性を秘めています。

急激に進化する AI とブロックチェーン

　飛躍的な進化をとげ、注目を集めている AI。プログラミングを実行するだけでなく、AI 自らがデータに隠された法則を発見したり、推測したりすることが可能になりました。

　暗号資産(仮想通貨)の普及で話題になったブロックチェーンは、データをブロック状につなげて参加者全員で記録・管理する技術。特徴は、データの改ざんがほぼ不可能で、安全にデータを記録できること。病気を記録したカルテや学歴や職歴をまとめた履歴書などへの応用が期待されています。

注目の IT 分野における、統計学の立ち位置

　ビッグデータ解析や AI、ブロックチェーンなどの最新技術と統計学の関係を考えてみます。まず、ブロックチェーンを活用するうえでは、統計学とはあまり深い関係はありませんが、ブロックチェーンを通してソースの判明した価値の高いデータを集めることができます。統計学にとって、価値の高いデータを取得できることは重要なポイントです。集めたデータの解析を行うビッグデータ解析は、統計学の手法が活用されます。解析にはさまざまな手法がありますが、代表的な「主成分解析」などは統計学的なアプローチです（詳しくは P138）。そして、計算を行うのが AI です。ただし、統計学は AI の行う解析手法の１つであり、「ディープラーニング」などは別の方法で解析を行っています（詳しくは P140）。

　ひと言でいえば、「"ブロックチェーン"で取得したデータを含む"ビッグデータ"を"AI"や統計学の手法で解析を行う」というのが統計学の立ち位置でしょう。

＼ 最先端の IT の関係性 ／

価値の高いデータを取得できるブ
ロックチェーンを含めたビッグデータを
解析するのが AI と統計学の解析。

統計学の見せどころ!
ビッグデータ解析の
強力な手段となる統計学のアプローチ

知っているようで知らない、ビッグデータの正体

現在、Google では 1 日で、24 ペタバイト以上のデータを処理しているとされています。これは、米国議会図書館のすべての印刷物の何千倍もの情報量です。現在、デジタルデータの量は日ごとに加速度的に増加しており、大量のデータの活用がますます重要になっています。

ビッグデータの定義は、活用する人によって異なりますが、代表的な特徴は、「Volume（量）」「Velocity（速度）」「Variety（多様性）」という 3 つの V。「Volume（量）」は、ビッグ（大量）データの言葉通り大量のデータを示し、「Velocity（速度）」とは、データの生成速度、高速の処理速度のこと。「Variety（多様性）」は、さまざまな形式のデータのことを指します。具体的には、Web サイト上の音声や画像などの「マルチメディアデータ」、EC サイトの購入履歴などの「Web サイトデータ」、SNS の書き込みなどの「ソーシャルメディアデータ」、位置情報や速度などの「センサーデータ」が身近な例です。ほかにもビジネスでの「カスタマーデータ」や、オフィス文書などの「オフィスデータ」、販売管理に使われる「オペレーションデータ」、サーバで生成される「ログデータ」などがビッグデータです。こうしたさまざまな異なる形式のデータから有益な情報を引き出すのがビッグデータ解析です。

＼ 身の回りのほぼすべてがビッグデータに ／

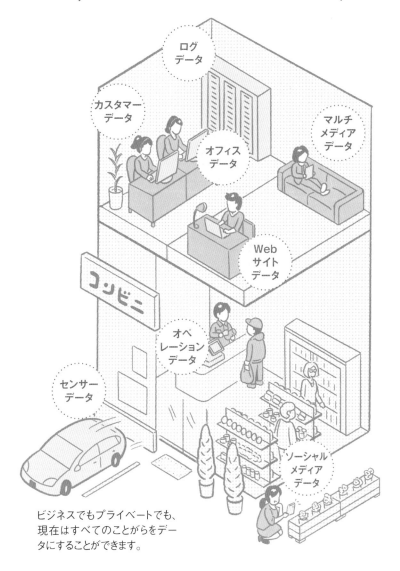

ビジネスでもプライベートでも、現在はすべてのことがらをデータにすることができます。

ビッグデータ解析で使われる統計学の理論

　ビッグデータの解析においては、統計学を使った手法が活用されています。本書で紹介した統計学の基本を応用したものが、最先端のビッグデータでも活用されているのです。主なビッグデータ解析には「主成分分析」「時系列解析」「クラスター分析」などがあります。

　主成分分析は、多数の変数があるデータにおいて、全体の"ばらつき"をもっともよくあらわす変数を主成分として変数を合成する手法。言葉にすると少々難しいですが、右ページのイラストのようなイメージです。こうすることで、変数を削減でき、データの解析がしやすくなるのです。

　時系列解析は、時間の経過とともに、変化する数値を時間順に整理し、解析する手法。株価や気温の変化などでよく見られる解析方法ですが、規則性のわからないデータでも、時系列に沿ってデータを整理することで、意外な法則が見つかることもあります。また、将来的な予測が必要な場面では必須の解析方法です。

　クラスター分析は、異なる性質を持った要素が混ざり合ったデータから、"似ている"性質をもつもの同士を集め、分類する方法です。データを散布図などにしても、一見、何の法則性のないような場合でも、縦軸と横軸のデータ以外の性質ごとに分類することにより、法則や傾向が浮かび上がることがあるのです。

　主成分分析や時系列解析、クラスター分析など、ビッグデータ解析の統計学的なアプローチは、解析の根本的な手法です。ですから、データ解析においては、統計学を理解しておくことは、非常に重要なのです。

＼ 代表的な統計学的な解析アプローチ ／

主成分分析

例えば、下記のように縦軸と横軸、2つの変数をもつ
データでも、変化の大きいほう、この場合横軸に代表
させることで全体の特徴は残しつつ、変数を減らせます。

変数が
1つに！

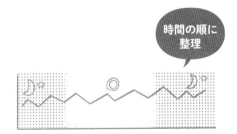

時系列解析

時間の流れに沿ってデータ
を並べて解析する方法。グ
ラフ自体は見慣れたもので
すが、基礎的な解析方法と
しては、非常に重要。

時間の順に
整理

クラスター分析

下左のグラフのように、特徴や法則が見つかりに
くいデータであっても、ある性質ごとにまとめること
により、特徴が浮かび上がってくることがあります。

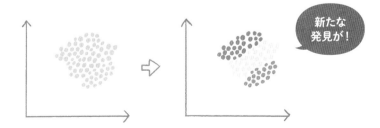

新たな
発見が！

ここ数年で大注目！
AI（人工知能）と統計学の
微妙な関係

実は長い歴史があり、古くから使われている AI

ここからは、AI と統計学の関係について考えてみます。

実は、AI は 1956 年につくられた言葉であり、意外と長い歴史があります。「コンピュータのソフトウェアを使い、人間の知的なふるまいを再現したもの」という以外に明確な定義はなく、誰もが日常的に使用する「室温に応じて風量を調整するエアコン」も、広義では AI の一部なのです。

技術の進化により、AI 自身で解析を行えるように！

長らく研究が進められていた AI ですが、「機械学習」という技術で進化します。それまで、AI はプログラミングを実行するだけでしたが、「機械学習」により、簡単な命令をあたえれば、AI 自身がルールや法則を見つけられるようになったのです。しかし、この技術が考え出された当時は、コンピュータの性能やインターネットが未発達だったため、機能が十分に発揮されませんでした。しかし、2000 年以降、コンピュータの性能向上やインターネットの普及により、AI は飛躍的に進化。人間の脳の構造を真似た「ニューラルネットワーク」というシステムが生み出され、さらに「ディープラーニング」という技術が開発されたのです。

＼ 進化する AI の種類 ／

AI

AI には幅広い意味があり、古い AI はもちろん、ディープラーニングも AI の一部。

機械学習

簡単な命令をあたえれば、あとは AI 自身が学習をしていく、画期的な技術。

ニューラルネットワーク

人間の脳を模倣した構造をもつシステム。解析の精度が飛躍的に向上。

ディープラーニング

現在最先端の AI 技術。解析の計算が複雑で、人間には理解ができないことが多いといわれます。

人間の知性を超える!? ディープラーニング

「ディープラーニング」は、大量のデータがあれば、人間が命令をあたえなくても、AI自身でデータに隠された細かな法則を見つけ出し、判断や推測を行います。「ディープラーニング」が生まれたことで、AIは、人間には不可能なほど、精度の高いデータ解析が行えるようになったのです。現在、「ディープラーニング」は、AIのなかでも特に注目を集めています。

似ているようで違う、AIと統計学

統計学もAIも「数値的な手法でデータを解析し、答えを出す」という意味では同じです。では統計学と、AIの違いはどこにあるのでしょうか? もっとも大きな違いは、統計学は、基本的にデータを"あるモデル"として捉えて解析を行う部分です。Section2で登場したように、「このデータは正規分布である」と見なし、「それならば平均はこう」「分散はこう」など、数学的な展開を進めます。計算のなかで、データと数値的な離齬があれば、「これは正規分布とは異なるモデルだ」と、モデルを修正することもできます。ですから、全体の構造をつかみやすいのが統計学なのです。

一方で、AI、特に「ディープラーニング」の場合、統計学の分布のようなモデルを設定することはあまりなく、また解析が複雑すぎて、その手法はブラックボックスになることが多いのです。データの解析は非常に高い精度で行えるAIですが、全体の構造はつかみにくいのが、統計学との違いといえるでしょう。

＼ 統計学と AI の大きな違い ／

統計学

統計学はデータをあるモデルとして捉え、そこから解析を
スタートするのが特徴。データ全体の構造を捉えること
ができる。

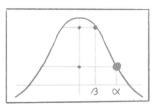

AI

基本的には解析の中身があまりよくわからないのが AI の
解析。解析の途中はほとんどブラックボックスになってし
まいます。

143

必要なデータの量も、AI と統計学は異なる

　また、もう1つの違いとして、"解析に必要なデータの量"という部分もあります。最新の機械学習であるディープラーニングは、解析に大量のデータが必要です。それに対して統計学は、「母集団から抽出して解析を行う」という手法があり、ディープラニングに比べて少ないデータでも、有効な解析が行えるのです。

解釈ができる統計学の解析と、難しい AI の解析

　AI と統計学の特徴の違いにより、実際に活用する場面でも、それぞれに向き不向きがあります。例えば、会社経営や商談において、データ解析で導いた判断を、相手に説明しなければならない場面では、統計学のほうが有効なよう。というのも、AI による解析は解釈が難しく、「データからこういう答えが出た」としかわからないのです。統計学はデータをモデル化し、全体の構造を捉えられるケースが多いので、データ解析による判断を解釈することができます。実際、金融商品のなかには、「AI のおすすめ銘柄」などがありますが、株価が下がった場合、なぜうまくいかなかったのかの説明が難しいのです。ですから、データ解析による判断に解釈をして、説明が必要な場合は統計学が活用されています。

　反対に AI が多く活用されるのは、現在のところは解析の解釈が必要ではない場面です。例えば、「インターネット広告の最適化」に理由は必要なく、もっとも効果的な方法さえわかれば問題ありません。ほかにも、「クレジットカードの不正検知」「交通渋滞の予測」などへの活用が有効なようです。

＼ 統計学と AI が活用される場面の違い ／

統計学

ビジネスにおける商談など、解釈が必要な場面においては、統計学による解析が有効。

AI

単純に解析結果のみが必要な場合は、AI のほうが精度の高い解析ができます。

統計学の未来

Section4
4

未来の統計学は
ほかの分野との融合が
ポイントになる!

似ているのにまったく別モノな統計学と AI

前節で紹介したように、活用する場面は異なりますが、似た部分も多くある統計学と AI。現在でも、両者の理論などの内容において、「統計学と AI（機械学習）の違い」が、議論になることもあります。重なっている内容があるにもかかわらず明確な住み分けがなく、別々に研究が行われているのは、日本だけでなく世界的な傾向であり、これは内容的な問題ではなく両者の研究環境が関係しています。

世界的に統計学者と AI エンジニアは分かれている

大学などで統計学や AI について学ぶのは、統計学なら理学系の学部、AI なら工学系の学部がメインになります。もちろん基礎的な統計学や AI を教える授業は、理学・工学系どちらにもあるようですが、大学院などで研究を続ける場合、理学系の学生は統計学、工学系の学生は AI を専門とすることが多いのです。その後、データを扱う職種に就職しても、統計学を学んだ研究者は統計学の解析を行い、AI を学んだエンジニアは AI を使った解析を行います。両者が交わることはあまりないため、統計学と AI の研究者ではコミュニティが異なり、多くの場合別々に研究が行われるのです。

＼ 現在の統計学と AI の研究環境 ／

統計学＝理学系

一緒に
やればいいのに

AI ＝工学系

統計学とAIの融合が、新しい研究を切り開く

現在、AIは、あらゆる場面で重要性が発信されており、将来的にはさらに重要度が増していくはずです。とはいえ、データ解析においては、その解析の内容は理解が難しい場面が多いため、決して万能なわけではありません。

例えば、囲碁の世界では「ディープラーニング」の技術により、棋力という意味では世界のトップ棋士が勝てないレベルにまで、AIは進化しています。これは、AIの進歩としては、素晴らしい功績でしょう。しかし、「AIがなぜその手を打ったのか」というのは、人間にはほとんど理解できないため、人間にとって囲碁への理解が深まったということにはなりにくいのです。

その点、前述のように統計学は、データをあるモデルとみなして解析を行うため、データの構造を理解でき、その結果を解釈することができます。つまり、ある現象を根本から理解するために、統計学は必須なのです。

他分野との融合が、統計学の新しい研究を切り開く

先ほど紹介したように、統計学とAIは別々に研究が進んでいます。逆にいえば、統計学とAIの両者に精通している研究者はほとんどいないのです。ですから、現在求められているのは、目的に応じて統計学とAIの知識の両方を自由に行き来でき、両者の溝を埋められる研究者です。さらに、将来的には統計学とAIの接点は新しい研究テーマになる可能性もあるのです。統計学は単体の知識ではなく、ほかの分野と融合することで、さらに進化していくはずです。

\ 必要なのは統計学と AI の溝を埋められる人材 /

統計学とAIを融合させよう!

統計学の発展の歩みと、細分化されたその種類

古い時代から存在した、統計的な考え方

　統計学は英語にすると statistics。この言葉は、「国家(state)」「状態(status)」と同じラテン語の語源を持ち、一説によると統計学の起源は、国家が税や兵士を集めるための国勢調査といわれています。古代エジプトではピラミッドの建造のための調査が、ローマ帝国では人口や土地に関する Census (センサス)という調査が行われていたそうです(現在でも国勢調査のことを人口センサスと呼ぶのはこの名残)。

　日本でも、飛鳥時代には田んぼの面積と戸籍を関連させた調査、安土桃山時代には豊臣秀吉が行った戸籍調査、江戸時代には人口調査などが行われていました。このように、かなり古くから統計的な考え方はありましたが、当時はまだ体系的な理論などはあまりなく、1つの学問としては捉えられていなかったようです。

イギリスで誕生した学問としての統計学

　学問としての統計学は、17世紀、イギリスでウィリアム・ペティという人物が考案した、社会を正確に把握したり、将来の予測をしたりする「政治算術」という手法が始まりとされています。ペティの提唱した政治算術自体は、その後衰退していきますが、彼は"統計学の父"とされ、統計学の流れをつくりました。初め

て統計学的な解析が行われたのは17世紀のロンドンとされています。当時、ロンドンではペストが流行しており、ペティの友人でもあったジョン・グラントが、教会にあった死亡記録を使って統計的な解析を行ったのです。その結果、乳児期の死亡率が高いことや、地方よりも都市部で死亡率が高いことなどが明らかになりました。これは古くからあった統計的な考え方とは異なり、偶然にみえる社会現象も数量的に観察すれば、規則性があることを示したのです。

　同時期に、ハレー彗星を発見したことで有名なエドモンド・ハレーも死亡年齢の解析を行い、一定の規則性があることを発見。この調査により、生命保険会社は合理的な保険料を算出できるようになりました。

確率論と統計の出会い

　こうしたデータを解析する流れとは別に、統計的な現象を"確率"で捉える考え方がフランスで誕生しました。中心になったのが、「パスカルの定理」で知られるブレーズ・パスカルと、「フェルマーの最終定理」で知られるピエール・ド・フェルマーです。2人は、あるゲームの勝敗を確率論で考える議論を往復書簡で行い、統計的な現象は確率と似て偶然による、という考え方が広まっていったのです。

さらに進化し、一部の標本から母集団を予測

　20世紀に入り、イギリスのウィリアム・ゴセットやロナルド・フィッシャーなどにより、母集団から抽出された標本をもとに、確率論を利用して母集団の特徴を推測する考え方に到達しまし

た。これは、今日でも、例えば視聴率や内閣支持率などの調査に活用されています。さらに、現在では、標本を必ずしも必要としない、ベイズ統計学も注目を集めています。本書ではベイズ統計学は、大きく取り上げませんが、Column3（P110）で、簡単に紹介しています。

大まかな統計学の分類

こうして発展をしてきた統計学ですが、解析の手法などによっていくつかに分類されています。研究者によって考え方は多少異なりますが、基本的には「❶記述統計学」と「❷数理統計学」に大別されます。「数理統計学」はさらに、「❸推測統計学」と「❹多変量解析」に分けられ、「推測統計学」は、先ほどの「❺ベイズ統計学」と「❻頻度論」に分けられます。

〈統計学の分類〉

種類が違えば、対象や考え方が大きく異なる

　まず、「❶記述統計学」は、平均値や中央値（P32）などを使い、"データの特徴"をまとめ、記述することを目的とした分野です。データを表にしたり、グラフにしたりして、わかりやすく表現するのも記述統計学の手法の1つです。

　記述統計学以外は「❷数理統計学」と呼ばれ、推測統計学と多変量解析に分けられます。「❸推測統計学」は、標本となるデータから、母集団の特徴を推測するという分野です。記述統計学との大きな違いとしては、記述統計学は得られたデータがすべてと考えますが、推測統計学では、得られたデータは、ある母集団から抽出して得られた一部と捉える点です。つまり、記述統計学はすべてのデータが必要ですが、推測統計学では、標本となる一部のデータがあれば、必ずしもすべてのデータは必要ありません。推測統計学のなかでこれらの考え方は、ベイズ統計学と区別して「❻頻度論」などと呼ばれます。

　「❹多変量解析」は、その名の通り、複数のデータ同士の関係や、その原因を考える分野です。計算が膨大になるため、人間が行うのは非常に負荷が高いものでしたが、コンピュータの発達により、簡単に行えるようになりました。マーケティングなどの分野のデータ解析で活用されています。

　このように発展してきた統計学は、現在、理学・工学はもちろん、農学や医学、薬学、経済学など、幅広い分野で活用されているのです（詳しくはP18）。

身近な数字で、
統計の解析をしてみよう！

　本書の「はじめに」で、将棋の「七番勝負」について書きました。

　「七番勝負」とは、先に４勝したほうがこの勝負を制するルールです。そこでは、藤井棋聖と木村王位は、実力が互角、つまり、藤井棋聖が勝つ確率も負ける確率も 0.5 としました。そして、藤井棋聖が「七番勝負」を制する以下の確率を紹介しました。

　４勝０敗の確率　　0.0625　= 2/32

　４勝１敗の確率　　0.125　　= 4/32

　４勝２敗の確率　　0.15625 = 5/32

　４勝３敗の確率　　0.15625 = 5/32

　興味深い結果として、実力が互角でありながら、「４勝２敗の確率」と７戦までもつれる「４勝３敗の確率」の確率が同じになることにも触れました。また、その合計が 0.5 であることも述べました。

　さて、「統計」の問題には、扱っている量が非常に大きい場合がよくあります。

　たとえば、「七番勝負」の例でいうと、一般に「2n+1 番勝負」の場合は、その確率はどのようになるのかです（「2n番勝負」だと引分けがあるので奇数の 2n+1 としておきます。また、七番勝負の場合は、n=3 の場合です）。そして。さらに、n を無限大にしたときの様子をどのように捉えるかです。こ

のようなことを扱うには、さらに確率についていろいろと学ぶ必要が出てきますし、その過程で面白い関係に出会えたりします。

　具体的に「2n+1 番勝負」の場合をみてみましょう。ただし、n=1,2,3,… とします。

　まず、「n+1 勝 n−1 敗の確率」と、2n+1 戦までもつれる「n+1 勝 n 敗の確率」とが、実は同じになることが計算するとわかります。ちょっとびっくりしませんか。つまり、「七番勝負」の興味深い結果は、「七番勝負」特有の性質ではなく、どんな「2n+1 番勝負」でも成り立つ結果なのです。

　次に、n を大きくしながら、「n+1 勝 0 敗の確率」、「n+1 勝 1 敗の確率」、「n+1 勝 2 敗の確率」、…、「n+1 勝 n−1 敗の確率」、「n+1 勝 n 敗の確率」の確率分布のグラフをうまく大きさを調整しつつながめると（正確にはルート n のオーダーです）、平均 0、標準偏差 1 の標準正規分布のちょうど原点から左半分の形に収束していきます（半分なので積分したら 0.5 です）。このようなことも、確率論を学んでいくと、自力で導出することができますし、これらの結果を使って、統計の解析に応用も可能となります。

　上記の「七番勝負」の簡単な例からでも、「統計」やそれを支える「確率」を学ぶことで、さまざまな方向への応用可能性の一端が理解できるのではと思います。

　最後になりましたが、この本が、さらに進んで学ばれるきっかけとなれば、大変うれしく思います。

今野紀雄

標準正規分布表

全体を1としたときの、ある点までの面積（確率）を示す。右図のオレンジの部分。左の見出しが小数点第一位、上が小数点第二位。

Z	0	0.01	0.02	0.03	0.04	0.05	0.06	0.07	0.08	0.09
0	0.000	0.004	0.008	0.012	0.016	0.020	0.024	0.028	0.032	0.036
0.1	0.040	0.044	0.048	0.052	0.056	0.060	0.064	0.068	0.071	0.075
0.2	0.079	0.083	0.087	0.091	0.095	0.099	0.103	0.106	0.110	0.114
0.3	0.118	0.122	0.126	0.129	0.133	0.137	0.141	0.144	0.148	0.152
0.4	0.155	0.159	0.163	0.166	0.170	0.174	0.177	0.181	0.184	0.188
0.5	0.192	0.195	0.199	0.202	0.205	0.209	0.212	0.216	0.219	0.222
0.6	0.226	0.229	0.232	0.236	0.239	0.242	0.245	0.249	0.252	0.255
0.7	0.258	0.261	0.264	0.267	0.270	0.273	0.276	0.279	0.282	0.285
0.8	0.288	0.291	0.294	0.297	0.300	0.302	0.305	0.308	0.311	0.313
0.9	0.316	0.319	0.321	0.324	0.326	0.329	0.332	0.334	0.337	0.339
1.0	0.341	0.344	0.346	0.349	0.351	0.353	0.355	0.358	0.360	0.362
1.1	0.364	0.367	0.369	0.371	0.373	0.375	0.377	0.379	0.381	0.383
1.2	0.385	0.387	0.389	0.391	0.393	0.394	0.396	0.398	0.400	0.402
1.3	0.403	0.405	0.407	0.408	0.410	0.412	0.413	0.415	0.416	0.418
1.4	0.419	0.421	0.422	0.424	0.425	0.427	0.428	0.429	0.431	0.432
1.5	0.433	0.435	0.436	0.437	0.438	0.439	0.441	0.442	0.443	0.444
1.6	0.445	0.446	0.447	0.448	0.450	0.451	0.452	0.453	0.454	0.455
1.7	0.455	0.456	0.457	0.458	0.459	0.460	0.461	0.462	0.463	0.463
1.8	0.464	0.465	0.466	0.466	0.467	0.468	0.469	0.469	0.470	0.471
1.9	0.471	0.472	0.473	0.473	0.474	0.474	0.475	0.476	0.476	0.477
2.0	0.477	0.478	0.478	0.479	0.479	0.480	0.480	0.481	0.481	0.482
2.1	0.482	0.483	0.483	0.483	0.484	0.484	0.485	0.485	0.485	0.486
2.2	0.486	0.486	0.487	0.487	0.488	0.488	0.488	0.488	0.489	0.489
2.3	0.489	0.490	0.490	0.490	0.490	0.491	0.491	0.491	0.491	0.492
2.4	0.492	0.492	0.492	0.493	0.493	0.493	0.493	0.493	0.493	0.494
2.5	0.494	0.494	0.494	0.494	0.495	0.495	0.495	0.495	0.495	0.495
2.6	0.495	0.496	0.496	0.496	0.496	0.496	0.496	0.496	0.496	0.496
2.7	0.497	0.497	0.497	0.497	0.497	0.497	0.497	0.497	0.497	0.497
2.8	0.497	0.498	0.498	0.498	0.498	0.498	0.498	0.498	0.498	0.498
2.9	0.498	0.498	0.498	0.498	0.498	0.498	0.499	0.499	0.499	0.499
3.0	0.499	0.499	0.499	0.499	0.499	0.499	0.499	0.499	0.499	0.499
3.1	0.499	0.499	0.499	0.499	0.499	0.499	0.499	0.499	0.499	0.499
3.2	0.499	0.499	0.499	0.499	0.499	0.499	0.499	0.500	0.500	0.500
3.3	0.500	0.500	0.500	0.500	0.500	0.500	0.500	0.500	0.500	0.500

標準正規分布表

（上側確率）

ある点から右側の面積（確率）を示す。右図のオレンジの部分。左の見出しが小数点第一位、上が小数点第二位。

U	0	0.01	0.02	0.03	0.04	0.05	0.06	0.07	0.08	0.09
0	0.500	0.496	0.492	0.488	0.484	0.480	0.476	0.472	0.468	0.464
0.1	0.460	0.456	0.452	0.448	0.444	0.440	0.436	0.433	0.429	0.425
0.2	0.421	0.417	0.413	0.409	0.405	0.401	0.397	0.394	0.390	0.386
0.3	0.382	0.378	0.374	0.371	0.367	0.363	0.359	0.356	0.352	0.348
0.4	0.345	0.341	0.337	0.334	0.330	0.326	0.323	0.319	0.316	0.312
0.5	0.309	0.305	0.302	0.298	0.295	0.291	0.288	0.284	0.281	0.278
0.6	0.274	0.271	0.268	0.264	0.261	0.258	0.255	0.251	0.248	0.245
0.7	0.242	0.239	0.236	0.233	0.230	0.227	0.224	0.221	0.218	0.215
0.8	0.212	0.209	0.206	0.203	0.200	0.198	0.195	0.192	0.189	0.187
0.9	0.184	0.181	0.179	0.176	0.174	0.171	0.169	0.166	0.164	0.161
1.0	0.159	0.156	0.154	0.152	0.149	0.147	0.145	0.142	0.140	0.138
1.1	0.136	0.134	0.131	0.129	0.127	0.125	0.123	0.121	0.119	0.117
1.2	0.115	0.113	0.111	0.109	0.107	0.106	0.104	0.102	0.100	0.099
1.3	0.097	0.095	0.093	0.092	0.090	0.089	0.087	0.085	0.084	0.082
1.4	0.081	0.079	0.078	0.076	0.075	0.074	0.072	0.071	0.069	0.068
1.5	0.067	0.066	0.064	0.063	0.062	0.061	0.059	0.058	0.057	0.056
1.6	0.055	0.054	0.053	0.052	0.051	0.049	0.048	0.047	0.046	0.046
1.7	0.045	0.044	0.043	0.042	0.041	0.040	0.039	0.038	0.038	0.037
1.8	0.036	0.035	0.034	0.034	0.033	0.032	0.031	0.031	0.030	0.029
1.9	0.029	0.028	0.027	0.027	0.026	0.026	0.025	0.024	0.024	0.023
2.0	0.023	0.022	0.022	0.021	0.021	0.020	0.020	0.019	0.019	0.018
2.1	0.018	0.017	0.017	0.017	0.016	0.016	0.015	0.015	0.015	0.014
2.2	0.014	0.014	0.013	0.013	0.013	0.012	0.012	0.012	0.011	0.011
2.3	0.011	0.010	0.010	0.010	0.010	0.009	0.009	0.009	0.009	0.008
2.4	0.008	0.008	0.008	0.008	0.007	0.007	0.007	0.007	0.007	0.006
2.5	0.006	0.006	0.006	0.006	0.006	0.005	0.005	0.005	0.005	0.005
2.6	0.005	0.005	0.004	0.004	0.004	0.004	0.004	0.004	0.004	0.004
2.7	0.003	0.003	0.003	0.003	0.003	0.003	0.003	0.003	0.003	0.003
2.8	0.003	0.002	0.002	0.002	0.002	0.002	0.002	0.002	0.002	0.002
2.9	0.002	0.002	0.002	0.002	0.002	0.002	0.002	0.001	0.001	0.001
3.0	0.001	0.001	0.001	0.001	0.001	0.001	0.001	0.001	0.001	0.001
3.1	0.001	0.001	0.001	0.001	0.001	0.001	0.001	0.001	0.001	0.001
3.2	0.001	0.001	0.001	0.001	0.001	0.001	0.001	0.001	0.001	0.001
3.3	0.000	0.000	0.000	0.000	0.000	0.000	0.000	0.000	0.000	0.000

INDEX

統計学の専門用語を中心に、キーワードとなる言葉を掲載しています。
わからない言葉が出てきたら、該当ページを探してみてください。

今野紀雄 （こんの・のりお）

1957年東京生まれ。東京大学理学部数学科卒業、東京工業大学大学院理工学研究科博士課程単位取得退学。横浜国立大学大学院工学研究院教授。博士（理学）。主な研究テーマは、無限粒子系、量子ウォーク、複雑ネットワークなど。2018年に「量子ウォークの数学的研究とその応用」というテーマで日本数学会解析学賞を受賞。主な著書に『統計学 最高の教科書』（SBクリエイティブ）、『図解雑学 統計』、『図解雑学 確率』、『図解雑学 確率モデル』（以上、ナツメ社）、『ニュートン式 超図解 最強に面白い!! 統計』、『ニュートン式 超図解 最強に面白い!! 確率』（以上、ニュートンプレス、監修）、『横浜発 確率・統計入門』(産業図書、共著) などがある。

本書の内容に関するお問い合わせは、**書名、発行年月日、該当ページを明記**の上、書面、FAX、お問い合わせフォームにて、当社編集部宛にお送りください。**電話によるお問い合わせはお受けしておりません。**また、本書の範囲を超えるご質問等にもお答えできませんので、あらかじめご了承ください。

　FAX：03-3831-0902

　お問い合わせフォーム：http://www.shin-sei.co.jp/np/contact-form3.html

サクッとわかる ビジネス教養 統計学

2021年3月25日	初版発行
2022年4月25日	第5刷発行

監 修 者	今　野　紀　雄
発 行 者	富　永　靖　弘
印 刷 所	株 式 会 社 高 山

発行所　東京都台東区 株式 **新星出版社**
　　　　台東2丁目24 会社
　　　　〒110-0016 ☎03(3831)0743

© SHINSEI Publishing Co., Ltd.　　　　Printed in Japan

ISBN978-4-405-12012-9